ランニングする前に読む本

最短で結果を出す科学的トレーニング

田中宏暁　著

ブルーバックス

本書でご紹介するトレーニングを実践していただくために、
動画を掲載した特設サイトを開設しました。
以下からアクセスしてください。

http://bluebacks.kodansha.co.jp/special/running

●装幀／芦澤泰偉・児崎雅淑
●カバーイラスト／大久保ナオ登
●本文デザイン／二ノ宮匡（nixinc）
●本文図版／さくら工芸社

はじめに

・フルマラソンを完走したい
・健康のために走り始めたいと思っているが、体力に自信がない
・走れる距離をもっと伸ばしたい
・レースのタイムが伸び悩んでいる
・ランニングでダイエットしたい
・サブスリーを狙いたい
……「ランニング」と一口にいっても、レベルも違えば走る目的も人それぞれ。解消したい悩みにもさまざまなものがあるでしょう。

ですが、走ることへのそうした悩みのすべてを解消できる走り方があります。

決して苦しくなく、ウォーキングの2倍ものカロリーを消費できて、効率よくダイエットができる。走れる距離も次第に伸びていき、これまで走ったことのない人でも、最短で3ヵ月あればフルマラソンを完走できる。タイムも伸びていき、本格的にレースに取り組んでいる方であれ

ば、サブスリーだって夢ではない。さらにいえば、血圧や血糖値を下げたり、脳の認知機能を向上させるなど、健康にも大きなメリットがあることが次々と明らかになってきているランニング方法なのです。

特別なスキルは必要ありません。ちょっとしたコツをつかむだけで、誰にでもマスターできます。本書では、そんな走り方を、どなたにもわかりやすく紹介していきたいと思います。

こうお話しすると、「そんな都合のよい話があるわけない」と思われてしまうかもしれません。ですがこれは、私自身が47年にわたって研究し、運動生理学の観点からその効果を科学的に実証してきたものです。

その走り方を「スロージョギング」と名付け、現在も研究を続けています。

ぜひ皆さんには、騙されたと思って、とりあえず始めてみていただきたいと思います。必ず結果が出るはずです。

なぜここまで自信を持っていえるかというと、私も研究をしながらスロージョギングを20年間続けてきて、効果を体感しているからです。

少し個人的なことをお話しさせていただくと、私が初めてフルマラソンのレースに出たのは37

歳のときでした。学生時代から運動生理学を専門として研究をしていたのですが、このときは運動のストレスとホルモンの関係を調べるために、自ら実験台になったのです。

練習を数ヵ月間積み、本番に挑みました。タイムは4時間11分1秒でしたが、走り抜いたときには疲労困憊。地獄を味わうような苦しさで、もう二度とフルマラソンのレースには出場するまいと決意したほどでした。

それから9年後。日常的にランニングは続けていましたが、研究の忙しさにかまけて、走る量は週に4～5kmくらいでした。お酒も飲むようになっていたので、気づいたときには体重が10kgも増加。さらに健康診断では、脂質異常症も見つかってしまうというお恥ずかしい状況だったのです。

減量をしようと思っていた矢先、1965年のボストンマラソンで優勝された経験も持つ重松森雄さんから頼まれて、彼の駅伝チームのアドバイザーを務めることになりました。運動生理学の観点からトレーニング方法などを指導するため、改めて関連文献を読み直したのです。

そこでまず、一流選手や市民ランナーのマラソンの平均スピードを見ると、私たちの研究で生活習慣病などの運動療法として有効性を見出した「にこにこペース」に近似することを知りました。くわしくはあとでお話ししますが、このにこにこペースは、乳酸が溜まりはじめる速度（乳酸閾値《いきち》）で、笑顔を保って走れるくらいゆっくりしたペースのため、高血圧の治療や心臓リハビリテーションにすすめていたものです。これは驚きの発見でした。

そこで、自分のにこにこペースからマラソンの記録を推定してみると、なんと初マラソンより断然速い3時間30〜3時間50分で走れると予想されたのです。科学的に導かれたこの仮説を信じて、にこにこペースでレースに臨んだところ、2回目のフルマラソンのレースで3時間30分3秒を記録しました。練習量はごくわずかでしたし、最初のレースから10歳ほど歳をとっているにもかかわらず、です。

その後の研究で、10kg減量すれば、さらに30分以上タイムを縮められ、市民ランナーあこがれのサブスリーが実現すると推定されました（その推定方法は、のちほどご紹介します）。この推定で、がぜん減量にも意欲が湧きました。スロージョギングで1日トータル6〜7km走り、1日300〜400kcalのダイエットで10kgの減量に成功。そしてレースに出場すると、仮説どおりに2時間55分11秒で走ることができたのです。

「計算どおりにおこなえば、結果は必ず出る」と確信した経験でした。ここからさらに研究を重ね、本書でご紹介するランニングのメソッドを確立するに至ったのです。

その後、スロージョギングや、スロージョギングと同等の有酸素運動の効果がさまざまな角度から実証され、日本動脈硬化学会の治療ガイドラインでスロージョギングが推奨されるまでになりました。いまでは欧米を中心に海外にも普及しています。アメリカの空軍のトレーニングにも、スロージョギングが取り入れられるようになりました。

さらに、スロージョギングは脂肪を落とすのに非常に効率的で、健康を維持するのにとてもよいということもわかってきていますし、なんといっても「ツラくない」ので、年齢に関係なく始められ、楽しみながら続けられるのも大きな魅力です。

走ることは苦しいこと、と思っている人は多いかもしれません。ですがスロージョギングを知れば、そのイメージはガラッと変わるはずです。

私は今年で70歳を迎えますが、スロージョギングのおかげで体重はピーク時から13kg減っていますし、フルマラソンのレースにも毎年出場しています（ちなみに私のフルマラソンのベストタイムは50歳のときで、2時間38分48秒です）。

ランニングがブームになって久しいですが、走ることについては、さまざまな情報があふれています。走れる身体を作るためには筋トレをおこなったほうがいい、速く走るにはピッチ走法よりストライド走法のほうがよい、故障を避けるためにはクッション性の高いシューズを履くべきだ……など、インターネットを見るだけでも、多様な説があってどの方法を取り入れればよいのか、悩んでしまう人も多いのではないでしょうか。

じつは、そのような情報の中には、科学的根拠がないことも多いのが事実です。いま、あなたが走ることに対して何らかの悩みを抱えているとしたら、根拠のない情報に惑わされて、自分の身体に合わない走り方をしてしまっているからかもしれません。


本書には、走ることに興味のあるすべての方に知っていただきたい知識が詰まっています。ここでご紹介する方法が、科学的に考えても非常に合理的であると私は確信を持っています。ランニングは、本来ヒトにとって自然な運動で、誰でも走る才能は持っています。シンプルな運動なので特別なスキルは必要なく、少しポイントを押さえるだけで、誰でもトップランナーと変わらない走り方を身につけることができます。

ぜひ皆さんに、もっと走る楽しさと素晴らしさを知っていただきたいと思っています。さあ、それではさっそく始めましょう。

『ランニングする前に読む本』もくじ

第1章 走るための基礎知識〈理論編〉

第2章 走るための基礎知識〈実践編〉

第3章 ランニングとダイエット

第4章 ランニングの生理学 メカニズムを知れば、効果が上がる 117

第5章 マラソンへ向けたトレーニング

第6章

レースのコンディショニング

第7章 ランニングと健康

第 0 章

この本の効果的な使い方

ランナーの悩み、始める前の疑問を解消する

走るための知識といっても、レベルや走る目的によって知りたいことは人それぞれでしょう。本書はすべてのランナーに必要な知識をお話ししますが、まず先に自分の疑問を解消したい方のために、どの章を読めばよいか示します。ガイド代わりに参考にしてください。

さて、本題に入る前に、この本の効果的な使い方をご紹介しておきたいと思います。本書は、ランニングの経験値にかかわらず、走っている人、これから走りたいと思っている人に共通して知っておいていただきたいお話を、できるだけわかりやすく解説していきます。

スロージョギングがなぜいいのか、より効果を出すためにはどのようなことに気をつければよいのかという点を順を追ってお話ししていくので、1章から順番に読んでいただくと、スロージョギングの理論がよく理解いただけるはずです。

ですが、読者の皆さんはそれぞれランナーとしての経験値やレベルが異なると思いますし、走る目的も人それぞれでしょう。フルマラソン完走を目標にしているのか、より速く走れるようになりたいのか、ダイエットのためなのか、体力と健康を維持することが目的なのか——知りたいことは、人によって異なります。

そこで、まず、私がランナーからよく聞かれるポイントを挙げてみましょう。その項目が詳しく書いてある章も示しましたので、手っ取り早く自分の疑問や悩みを解消したい方は、本章をガイド代わりにして、どこを読めばよいか参考にしてください。

1 ランニング初心者だが、フルマラソンを完走したい

↓ 2、5章

フルマラソンの完走は、決して無謀な目標ではありません。これまでまったく走ったことがない人でも、「スロージョギング」を実践すれば、最短で3ヵ月あればフルマラソンを完走することができます。もともとヒトは長距離を走る能力を持っているので、スロージョギングによって無理なく少しずつ身体を慣らしていけば、フルマラソンを完走する筋力がつき、効率よくエネルギーを使えるようになるのです。

2章でスロージョギングの方法の基礎を押さえて、5章に記した具体的なトレーニング方法を実践してみてください。

2 もっと長い距離を走れるようになりたい

↓ 4章

ある程度ランニングを続けていると、次第に長い距離を走れるようになっていくことが楽しく

なるでしょう。車や電車でしか行けなかった場所でも、自分の足だけで行けるようになるのですから、達成感も味わえます。

長距離を走るためには、エネルギーを効率よく使うことがもっとも大切です。人間が活動するためのエネルギー源には糖と脂肪がありますが、体内に貯蓄できる糖の量はわずかです。長距離を走るには、体内に多く蓄えられている脂肪をうまくエネルギー源として利用しなければなりません。

そのためには、糖と脂肪がどのようにエネルギーとして使われるのか、その生理学的な仕組みを4章で知っていただくことが近道となります。スロージョギングが、脂肪を効率よく使える走り方だということもおわかりいただけるでしょう。

3 サブスリーを達成したい

↓

4、5、6章

フルマラソンを3時間以内で走る「サブスリー」は、ランナーの憧れです。サブスリーを達成するのは簡単ではありませんが、生理学の知識を総動員して、きちんとしたトレーニングを積めば、不可能ではありません。

より速く走るためには、まずは体重を落とすことが重要です。物理的に考えても、身体が軽くなればエネルギー効率よく速く走れるということはおわかりいただけるでしょう。体重の落とし方と、体重を落とすことでどれくらい速く走れるようになるかを4章で知ったうえで、5章に記した方法を参考に、トレーニングを重ねてみてください。

そして、レースで最大の成果を出すためのポイントは、ペース配分とグリコーゲンローディングです。6章に、これまでの研究で明らかになった方法を紹介していますので、そのとおりに実践いただければ、あなたの能力を最大限に発揮できるはずです。

4 運動はしたいが、ランニングは苦しいので続かない

↓ 1章

ランニングが健康にいいと言われていても、苦しいし、走るのが嫌いだという人は多いです。かつて私もマラソンレースに出場して本当に苦しい思いをしたので、大嫌いでした。ですが、スロージョギングに出会ってから、そのイメージがガラッと変わりました。ランニングが苦しいという人は、頑張って速く走りすぎていることが原因です。

スロージョギングは、最初は歩くのと同じスピードでゆっくり走るところから始めます。笑顔

でおしゃべりしながら走れるくらいの速度なので、苦しくありません。おまけに、速いスピードで走るのと同じくらいエネルギー消費量も多いので体重もラクに落とすことができ、体力も自然とついていくのです。

　無理のない範囲で続けると、次第に走れるスピードが上がってきて、走ることがより楽しくなってきます。ランニングに苦手意識を持っている人は、まず1章を読んでいただいて、スロージョギングの良さを知っていただきたいと思います。

5 忙しくて、なかなか走る時間がとれない

↓ 3、5章

　毎日走ることが理想的ではありますが、それがプレッシャーになってしまっては長続きしません。気楽にできる運動でなければ意味がないと私は思っています。ランニングを始める気になったのなら、まずは1日10分でよいので走ってみてください。朝10分だけ早起きして、家の周りを走るところから始めるのです。

　20分以上運動しないと脂肪が燃えない、という説がありますが、科学的な根拠はまったくありません。詳しくは3章に記しましたが、こまめな運動を何度かに分けておこなうことでも、効果

は同じように得られるのです。

また、ランニングは屋外やジムでしかできないと思われるかもしれませんが、そんなことはありません。自宅やオフィスでも、ちょっとした距離があればトレーニングができます。その方法を5章で紹介しているので、時間のない方はぜひ参考にしてください。

6 ラクな方法でダイエットしたい

↓ 3章

ダイエットのために走りたいという方も多いでしょう。さまざまなダイエット方法がありますが、食事を減らすのはツライですし、それだけでは筋肉量が減ってしまって健康的ではありません。
運動が苦手ということでウォーキングをされる方も多いですが、じつはゆっくり走るスロージョギングは、ウォーキングとキツさは変わらないのに、エネルギー消費量は多いのです。ウォーキングよりラクに効率よく減量できるということです。特別な道具もいりませんし、誰でもすぐに始められます。走る楽しさを実感いただけると思うので、ダイエットのために運動をしたいという方も始めてみてください。

7 若くないので、ウォーキングのほうがよいか迷っている

ランニングは、激しい運動で身体に負担がかかると思われるでしょうか。それは、スロージョギングに限っていえば大きな誤解です。スロージョギングは笑顔でおしゃべりができるペースで走るので、過剰な負担はかかりません。

私は各地でスロージョギング教室を開催していますが、80代からスロージョギングを始める方もいらっしゃいます。70代から始めてフルマラソンを完走された方もいらっしゃいます。スロージョギングであれば、始めるのに年齢は関係ないのです。

身体の筋肉は歳とともに衰えていきますが、スロージョギングでは加齢によって衰える筋肉を鍛える効果もあります。ウォーキングでは、加齢で衰える筋肉を鍛える効果はないので、新たに運動を始めるのであれば、スロージョギングをおすすめします。

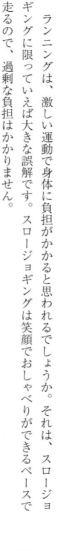

8 これまでほとんど運動したことがないので、走れるか不安

↓ 1章

これまでまったく走ったことがない人でも、スロージョギングなら簡単に始められます。特別な技術は必要ないですし、誰でも走る能力は持っているので、安心してください。走ることは、人間にとって自然な行動なので、スロージョギングでは準備運動すら必要ありません。

ランニングを始める前に、筋トレなどをして筋力をつけようと考える方もいらっしゃいますが、その必要もまったくありません。走っているうちに、走るために必要な筋肉は徐々に鍛えられていきます。

9 ランニングすると膝や足が痛くなってしまう

↓ 2章

走ることで膝や足が痛くなるということは、過剰な負担がかかっているということです。着地がうまくいっていないのかもしれません。

私は足の指の付け根から着地する「フォアフット着地」をすすめています。かかとから着地するのと比較して、足への衝撃が非常に少ないのです。それだけでなく、この走り方は、膝痛も解消するのではないかと考えています。

また、アキレス腱が痛むという方は、フォアフットではなくつま先で着地している可能性がありますので、正しい着地を2章に示した方法で確認してみてください。

10 血圧が高いので、走ると悪化しないか心配

↓ 7章

以前は、ランニングは心臓に負担がかかるといわれていましたが、現在は心不全のリハビリにも使われているほどです。

ペースを上げて走ると負担は大きいのですが、ゆっくりしたペースのスロージョギングは交感神経を極度に興奮させることがなく、血圧も上げません。7章に詳しく示しましたが、高血圧の方でも安心して運動できるだけでなく、血圧を下げる効果まで確認されています。いままでは、高血圧治療のガイドラインに、スロージョギングのような「にこにこペース」（2章参照）の運動が有効だと示されています。

11 ランニングシューズなど、どれを選んでいいかわからない

↓ 2章

スポーツショップへ行くと、ランニング用のさまざまな機能がついたシューズやグッズ、ウエアが販売されています。どれを選んでよいかわからないほど種類がありますが、私は基本的に、走るときはあり合わせのもので構わないと考えています。

ただ、シューズは薄底のものがよいでしょう。初心者用ではクッション性の高い厚底のものをすすめられることが多いのですが、フォアフット着地では、厚底のシューズはふくらはぎに負担がかかってしまうのです。選ぶポイントを2章に記したので、参考にしてください。

12 ランナーズハイを経験してみたい

↓ 4章

走っているときに気分がよくなるランナーズハイと呼ばれる現象があります。これは、体内で作られるマリファナ様物質に由来するものだということが研究で明らかになっています。

ランナーズハイは一流のランナーなど、かなり走り込んでいる人しか経験できないと思われているかもしれませんが、そんなことはありません。最近の研究で、速いスピードのランニングよりも、ゆっくりのペースで走るほうがランナーズハイの要因となる物質が多く分泌されることがわかってきています。スロージョギングを始めれば、あなたもランナーズハイを経験できます。

13 いつもレースの途中でペースダウンしてしまう

↓
5、6章

ランニングにおいて、ペース配分はとても大切です。途中でペースダウンしてしまうのは、最初に飛ばしすぎてしまうことがもっとも大きな要因です。5章に示した目標タイムの設定方法を確認し、最初から最後まで、同じペースを保って走ってください。

ペースを維持する決定的なコツというのはありませんが、トレーニングを積めばペースを維持できるようになります。たとえば、距離表示がある、あるいは1周の距離がわかっているランニングコースでタイムを測りながらトレーニングするといいでしょう。ランニング用の腕時計やスマートフォンのランニング用のアプリケーションを使うと1㎞ごとのペースなどを教えてくれ、記録も残るので便利です。

また、体内のエネルギー源である糖と脂肪の性質をうまく理解して、エネルギー補給をすることも大切です。6章に示したグリコーゲンローディングと、レース中の栄養補給の方法をしっかり守ってレースに臨んでみてください。必ず効果が得られるはずです。

14 若々しさを保つためにランニングをしたい

↓ 7章

ランニングは、加齢によって衰える筋肉を鍛えるだけでなく、さまざまなよい影響があることがわかってきています。

ランニングを続けていると、善玉コレステロール値が上がり、認知機能が向上する可能性も示唆されてきているのです。健康寿命を延ばすために非常によい効果があると期待されており、世界中で研究が続けられています。

スロージョギングであれば、高齢になっても続けられますし、若々しさを保つには最適だと考えており、多くの方にすすめたい運動です。

第 1 章

走るための基礎知識〈理論編〉

ウォーキングよりランニングがいい理由

歩くくらいのゆっくりしたペースで走ると、まったく苦しくないのになんとウォーキングより2倍も多くカロリーを消費できます。加齢で衰える筋肉の萎縮を防ぐこともできるため、健康のためにはもってこいの運動です。まずは、走る基礎知識を紹介していきます。

「はじめに」でお話ししたとおり、走ることに高度な技術はまったく必要ありません。ちょっとしたコツさえつかめれば、フルマラソン完走やサブスリーも夢ではないのです。本章と次章では、その目標を実現するために必要な基礎知識を紹介していきます。

まずは、走る前に知っておくべきランニングの理論です。理論といっても、難しく考えないでください。走ることは決して大変なことではなく、ヒトにとって、とても自然な運動であり、本来、苦しいものではないのだということを知ってもらいたいと思います。ヒトはなぜ走るという行動をとるようになったのか、原点に立ち返って考えることで、走ることの大切さを実感していただけるはずです。

ヒトは誰でも「走る才能」がある

走るのが苦手だと思っている人は多いかもしれません。ですが、何よりも先にその苦手意識を変えてください。どんな人にも「走る才能」はあるのです。

「ヒトは、長距離を走るために進化した」という仮説があります。アメリカの人類学者、デニス・ブランブルとダニエル・リーバーマンが２００４年に『ネイチャー』誌で発表し、全米のベ

ストセラーとなったクリストファー・マクドゥーガルの著書『Born to Run』で紹介されたことでも話題となりました。

簡単に説明すると、ヒトは二足歩行をするようになったことで、長時間走り続けて獲物を捕らえることができるようになり、繁栄できたという説です。ブランブルらは、人間の身体を調べた結果、長距離走に非常に適した構造であるということも明らかにしています。

人類が農耕、牧畜で定住生活を送るようになってからわずか1万年ですから、20万年の人類の歴史のなかで、ヒトは大半の時間を狩猟採集で生きてきたわけです。

今も狩猟採集生活をしているアフリカの部族を調査したところによると、狩りでは、平均時速10km前後で約35km、獲物を追走しています。狩猟民でなくても、ヒトは電車や自動車などの交通手段を持たなかったつい最近まで、時速6km以上の速度で移動することを日常茶飯事としていたはずです。人類の歴史の大半の時間において、ランニングはウォーキングとともに主要な移動様式であったことでしょう。

つまり、ヒトは皆、生まれながらにして長距離を走る能力を持っていると考えられるのです。

ランニングのスキルは一流選手も一般人もほぼ同じ

信号が変わりそうなとき、あるいは電車やバスに乗り遅れそうなときなど、誰でも急ぐときは走り出しますよね。走ることは、生まれてから今まで、とても長い時間訓練してきた動きといえます。そのため、一般人と一流選手とを比べても、技術的にそれほど違いはありません。

たとえば、ランナーと一般人（普段ランニングをしていない人）のランニングスピードに対するエネルギー消費量を比べた調査があります。ランニングのスキルが高いということは、エネルギー効率よく走れるということなので、同じスピードで走るときの消費カロリーは少なくてすみます。その調査結果を見ると、ランナーは一般人に比べて少ない消費カロリーで走れていますが、その差はわずか５％ほどでした。

すなわち、「最速の市民ランナー」として知られる川内優輝選手のような一流ランナーを１００点とすると、普段ランニングをまったくしていない方でも、簡単に95点をとれてしまうことになります。

これは、他のスポーツのスキルと大きく異なります。たとえばテニスをしている方であれば、

錦織圭選手を100点とすると何点になるでしょうか？　ゴルフでいえば松山英樹選手や石川遼選手に比べて何点でしょうか？　おそらく多くの方が、10点や20点くらいと答えるでしょう。しかしランニングのスキルは、少しコツを押さえるだけで、一般人でも一流選手とさほど変わらない点数がとれてしまうのです。

時速6kmのふしぎ

それでは次に、「走る意味」について考えていきましょう。

ヒトの身体は、動くのに適した形態と機能を持っています。その移動様式は二つあり、一つがウォーキング、もう一つがランニングです。ウォーキングとランニングの違いは、みなさんご存じのとおりです。ウォーキングは左右どちらかの足が必ず地面に接していますが、ランニングは左右の足が地面から離れ空中に浮いている瞬間があります（図1－1）。

現代の日本において、日常生活でランニングをしている方は多くありません。しかし、先にもお話ししたとおり、誰でも急がなければならない場合には自然と走り出します。

通常の日常生活では、ゆっくり歩きが時速3km程度、通勤時などが時速4km程度、そしてさっ

図
1-1

ウォーキングとランニングの違い

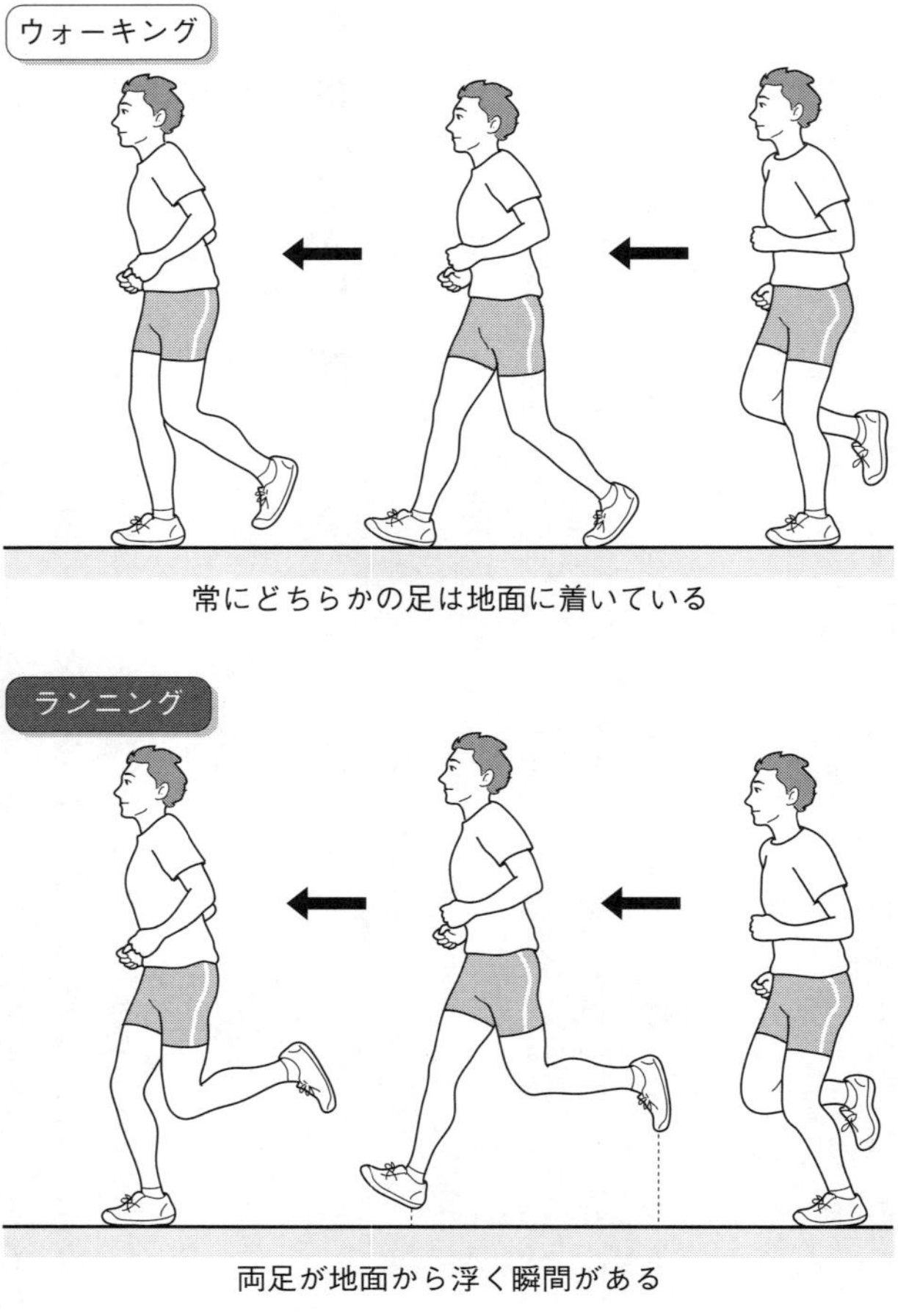

常にどちらかの足は地面に着いている

両足が地面から浮く瞬間がある

さと速足で歩くときが時速5km程度です。健康づくりのためにすすめられるエクササイズウォーキングでは、時速6~7kmに達します。しかし、このあたりが速度の限界で、時速8kmで歩く人はまずいません。

では、私たちが無意識に走り出すスピードはどのくらいでしょうか？ 我々は、福岡大学のスポーツ科学部の学生を対象に調べてみました。トレッドミル（ランニングマシーン）で時速3kmから徐々にスピードを上げていくと、時速5kmを超えたところで走り出す人が出てきます。平均すると時速6・3kmでした。時速7kmまで歩き続ける人はごく少数でした。

つまり、私たちは無意識に、ゆっくりした移動にはウォーキングを、速度が上がるとランニングを選択していることになります。ウォーキングからランニングに切り替わる速度が、時速6km程度ということです。

走り出すのには意味がある

なぜ私たちは、時速6kmを超える移動で無意識にランニングに切り替えるのでしょうか？ まずは、身体のエネルギー消費の視点から考えてみます。さまざまなスピードでウォーキング、あ

るいはランニングした場合の、エネルギー消費量をみてみましょう。

図1-2は、1938年にイタリアの生理学者ロドルフォ・マルガリア博士が報告した有名なデータです。

運動1時間あたりのエネルギー消費量をみると、ウォーキングの場合、時速5kmまではスピードに応じて穏やかに上昇します。しかし、それを超えるとエ

図1-2 ウォーキングとランニングの速度と1時間あたりのエネルギー消費量

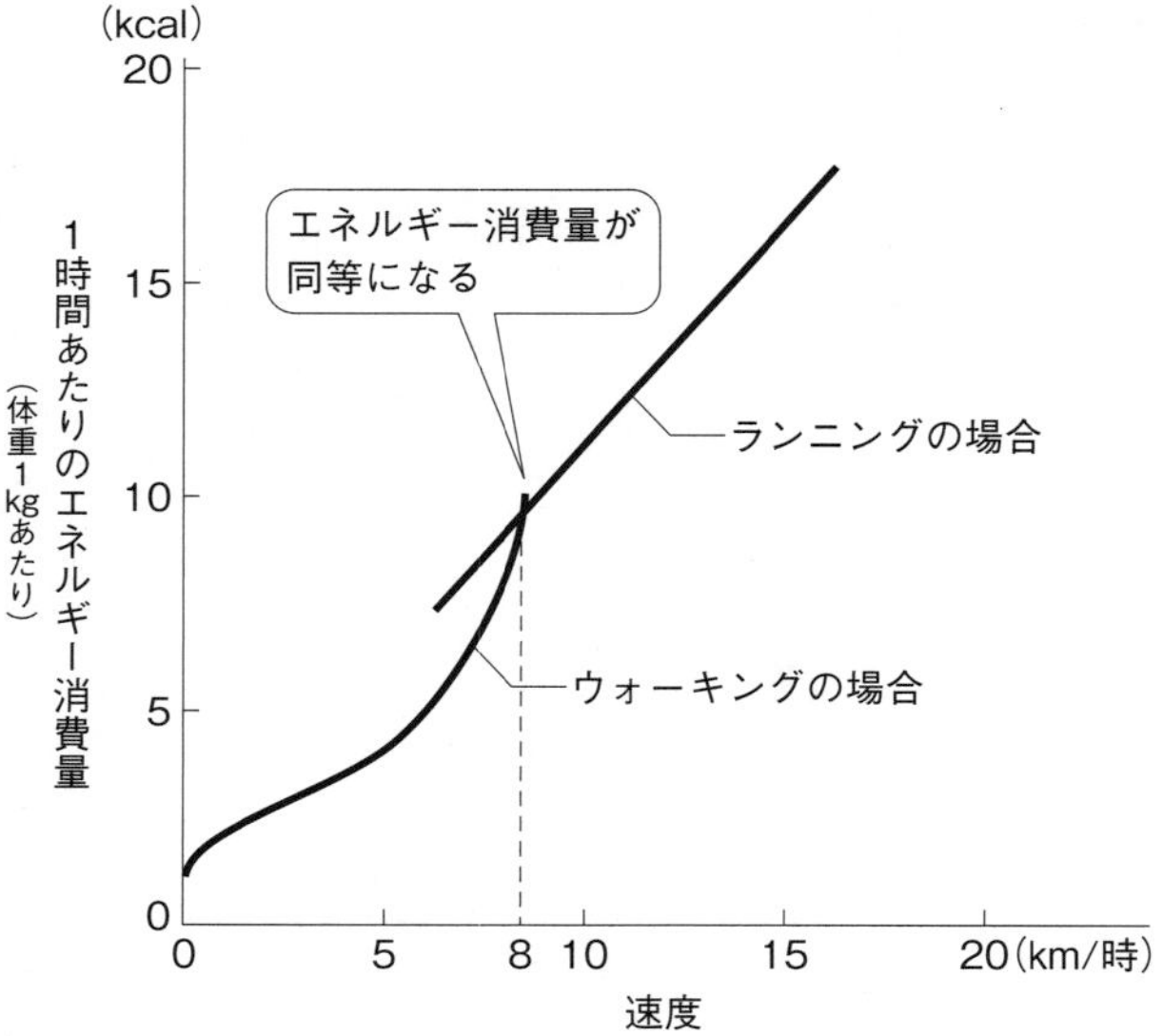

ウォーキングは時速5kmを超えると1時間あたりのエネルギー消費量が急増するが、ランニングは速度に応じて一定の割合で増えていく。時速8kmあたりで、ウォーキングとランニングのエネルギー消費量が同等になる。
(Margaria, 1938より改変)

ネルギー消費量が急増しはじめます。

一方、ランニングの場合は、速度に応じて一定の割合でエネルギー消費量が増えていきます。

時速８kmでウォーキングと同等のエネルギー消費量になり、それより速いスピードでは、速くなればなるほどランニングのほうがエネルギー効率が良くなります。

興味深いことに、スピードとエネルギー消費量の関係はウォーキングが二次曲線、ランニングが直線関係です。

ヒトが走り出すスピードは時速６～７kmでしたが、ウォーキング

図 1-3　ウォーキングとランニングの速度と移動1kmあたりのエネルギー消費量

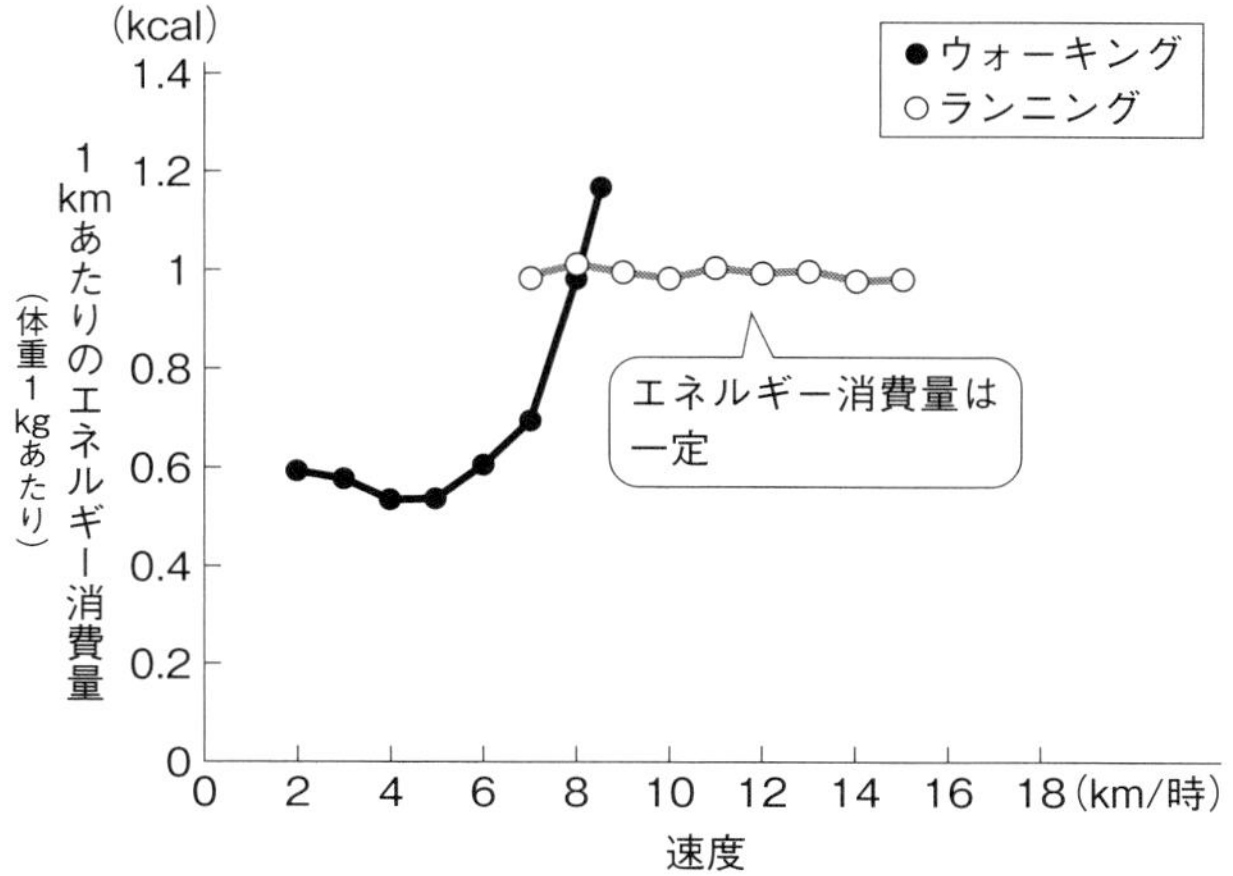

ウォーキング1kmあたりのエネルギー消費量は、時速６～7kmあたりから急増するが、ランニングは、速度にかかわらずエネルギー消費量は一定。体重1kgあたり、移動1kmにつき約1kcalを消費する。
（Margaria, 1938より改変）

では、この近辺で速度変化に伴うエネルギー消費量が急に増えていきます。このまま推移すると、時速8km以上ではウォーキングが超過激な運動になると考えられます。

今度は、移動距離1kmあたりのエネルギー消費量を比較してみましょう。図1-3をご覧ください。時速3~5kmの通常のウォーキングでは、体重1kgあたり0・5~0・6kcalを消費します。ところが、時速6~7km付近からエネルギー消費量が急増していきます。

一方、ランニングでは、移動距離1kmあたりのエネルギー消費量は体重1kgにつきおよそ1kcalであり、これは、どんなに速くなっても変わりません。

たとえば体重が60kgの人の場合、速く走ろうがゆっくり走ろうが、1km走れば60kcalを消費するということです。この推定法を使えば、ごく簡単にエネルギー消費量を計算できるので便利です。

実際には時速8kmでウォーキングなどできませんが、仮にできたとしましょう。それと同じエネルギー消費量でランニングをすれば、時速17kmでも走れると推察されるのです。

こうした事実から考えると、速く移動する場合に自然とランニングに切り替える理由は、速度が上がるにつれてウォーキングよりランニングのほうがエネルギー効率が良くなるから、といえるのではないでしょうか。

ウォーキングとランニングの力学的な違い

ウォーキングでは、速度が上がるとエネルギー効率が悪くなります。一生懸命エネルギーを使って歩いても、たいしてスピードが出ないのです。それはなぜでしょうか。

フォースプレート（床反力計測システム）を使って、ウォーキングとランニングの位置エネルギーと運動エネルギーの変化を調べた研究があります（マルガリアら／1963年）。それによると、ゆっくり歩くときは筋肉の働きで地面を押し、重心を持ち上げ、位置エネルギー（高さ）を獲得します。そして、振り子のようにこの位置エネルギーを運動エネルギーに変換します。前方向に身体が落下し、逆足が接地する。そして前方へ踏み出すときに、身体を前に進めるエネルギー、ついで重心を持ち上げるエネルギーを筋収縮によって補給します。

それでは、速く歩く場合はどうでしょう。スピードが速くなればなるほど、前方向への移動に多くのエネルギーが使われることになります。このとき、位置エネルギーは時速7㎞までわずかに上昇しますが、頭打ちで、それ以上は上昇しません。さらに速くなると、逆に位置エネルギーは低下します。

簡単にいうと、歩く場合は、どちらかの足が必ず地面に着いているので、速度を上げれば上げるほど、重心を持ち上げることが困難になるのです。そのため位置エネルギーを獲得しにくくなり、結果として前方向への移動に筋収縮のエネルギーを多く使わなければならなくなります。こうしたメカニズムで、ウォーキングでは速度が上がると効率が悪くなるのです。

一方ランニングは、地面を押した力は、重心を持ち上げると同時に前方向への移動に使われます。このとき、身体が宙に浮きますので、位置エネルギーと前方向への運動エネルギーが同期して増加します。

ランニングでは、持ち上げられる重心の高さはスピードに関係なく一定です。したがって、スピードを上げるには、着地時に水平方向への力をより多く使います。落下して着地するときに下肢の筋と腱をバネのように使うことで、それを位置エネルギーの獲得に活用できます。バネの主要部位であるアキレス腱は、ヒトにもっとも近いといわれるチンパンジーに比べ、人間では著しく発達しています。

ウォーキングは、こうした筋肉や腱の使い方ができません。そのため、スピードが上がるにつれ、ランニングのほうがウォーキングよりエネルギー消費量が少なくなるのです。

速歩きはキツくてエネルギー効率も悪い

ヒトが時速6～7㎞でウォーキングからランニングに切り替える理由を、エネルギー効率の視点から説明しました。ですが、より厳密に見れば、それだけですべて説明がつくわけではありません。

ランニングのほうがエネルギー効率が良くなるのは時速約8㎞を超えてからで、自然とウォーキングからランニングに切り替わる速度は6～7㎞です。ほんのわずかではありますが、切り替わるタイミングはズレがあるのです。ランニングに切り替わるのには、他にも理由がありそうです。

そこで我々は、「時速6㎞を超すウォーキングは身体に無理がかかるから走り出すのだ」と仮定してみました。そして、ヒトが主観的に感じる「キツさ」を調べてみることにしたのです。

キツさの評価には、スウェーデンの心理学者グンナー・ボルグが作った主観的強度（Rate of Perceived Excertion：RPE）を用いました（表1－1）。

主観的強度では、もっともラクな場合を6、もっともキツい場合を20として、キツさを数値で

示します。6は、じっとしているとき、安静時の状態です。

1から10とすればよいものをなぜこのような数値にしたのか不思議に思われる方もいるかもしれませんが、その理由は、20歳代の若者を対象とした場合に、数値の10倍が運動時の心拍数に対応するようにしたためです。たとえば主観的強度20の場合、若者の心拍数は２００であるとしています。これは、主観的強度が実際に身体にかかる生理的負担度に対応するとの仮説にもとづいています。

ボルグの主観的強度では、腕立て伏せのような局所運動ではなく、走ったり自転車を漕いだりするような全身運動であれば、運動の種類が異なっても主観的強度が同じ数値なら生理的に同じ負荷がかかっていることになります。これは、相対的な生理的負担度を簡単に示す方法として、

表1-1 ボルグの主観的強度表

指数	主観的に感じるキツさ
20	
19	非常にキツい
18	
17	かなりキツい
16	
15	キツい
14	
13	ややキツい
12	
11	ラクである
10	
9	かなりラクである
8	
7	非常にラクである
6	

主観的に感じる「キツさ」を表した指数。もっともラクなときが6、もっともキツいときが20となる。
（Borg, *Scand J Rehab Med*, 1970より改変）

世界的に広く使われているものです。

この指標を使い、時速3kmから時速8kmの速度でウォーキングとランニングを比較してみました（図1－4）。

興味深いことに、時速3～6kmでは、ランニングの主観的強度（キツさ）はウォーキングのときとほとんど同じでした。そして時速7kmでは、ウォーキングがランニングに比べて主観的強度が高くなりました。

図1－2（38ページ）からわかるように、時速7kmでは、ウォーキングはランニングに比べてエネルギー消費量が少なめです。にもかかわらず、運動としては、ウォーキングのほうがキツいことになります。つまり、速歩きのウォーキン

図1-4　ウォーキングとランニングの主観的強度の違い

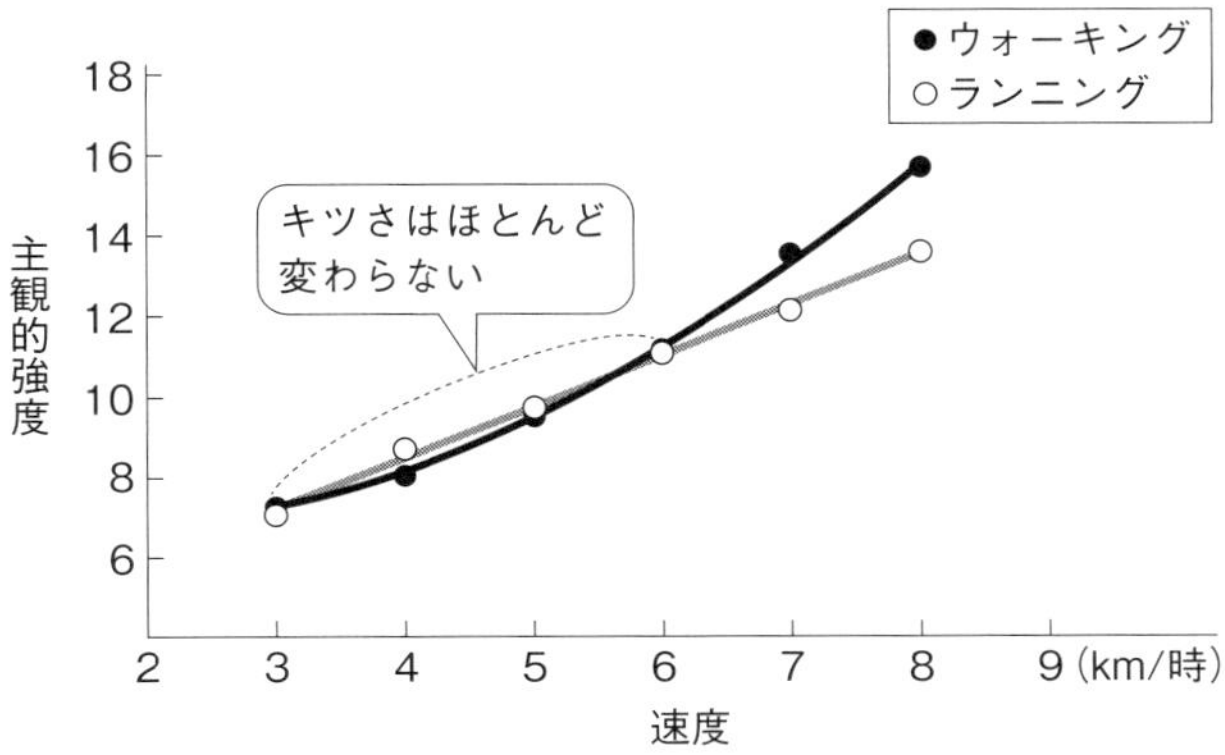

時速6km以下では、ウォーキングもランニングも主観的強度（キツさ）は変わらないが、時速6kmを超えると、ウォーキングよりランニングで移動するほうがラクになる。
（北嶋康雄 他『ランニング学研究』25(1): 19-27, 2014より改変）

グはランニングよりキツいのに、エネルギー消費量は少ないのです。これは驚きの発見でした。

このことから推測できることは、ヒトはウォーキングでは時速6kmを超えるころから急激に身体への負担が大きくなり、歩き続けることができなくなるので、自然とラクなランニングに切り替える、ということです。エネルギー効率だけでなく、身体が感じるキツさも、無意識に走り出す理由だと考えられるのです。

スロージョギングはウォーキングよりラクにエネルギーを消費できる

では逆に、通常のウォーキングの速度でランニングをした場合はどうなるのでしょうか？我々は低速のランニングとウォーキングのエネルギー消費量を測定してみました。

低速ランニング時の移動距離1kmあたりのエネルギー消費量を計算し、図1-3のデータと比較してみたのが図1-5です。低速ランニングでも、1km移動すれば体重1kgあたりおよそ1kcalのエネルギーを消費していることがわかります。つまり、日常歩行のような低速でも、意図的にランニングとして走れば、高速のランニングとエネルギー効率はまったく変わらないのです。

低速ランニングは、ウォーキングと同じ速度、同じキツさで1・8～2倍も余分にエネルギー

を消費できることになります。これは重要なポイントです。

こうした歩くスピードで走る低速ランニングを、私は「スロージョギング」と名付けました。詳しい定義は2章でお話ししますが、ここから先は、スロージョギングという言葉を使って解説していきます。

このスロージョギングが、フルマラソンの完走やサブスリーを達成できる体力をつけ、ラクに痩せられる近道となるのです。

ただゆっくり走るだけでなく、より効果を得るためにはちょっとしたコツがあるのですが、具体的

図 1-5 ゆっくり走ったとき（スロージョギング時）の移動1kmあたりのエネルギー消費量

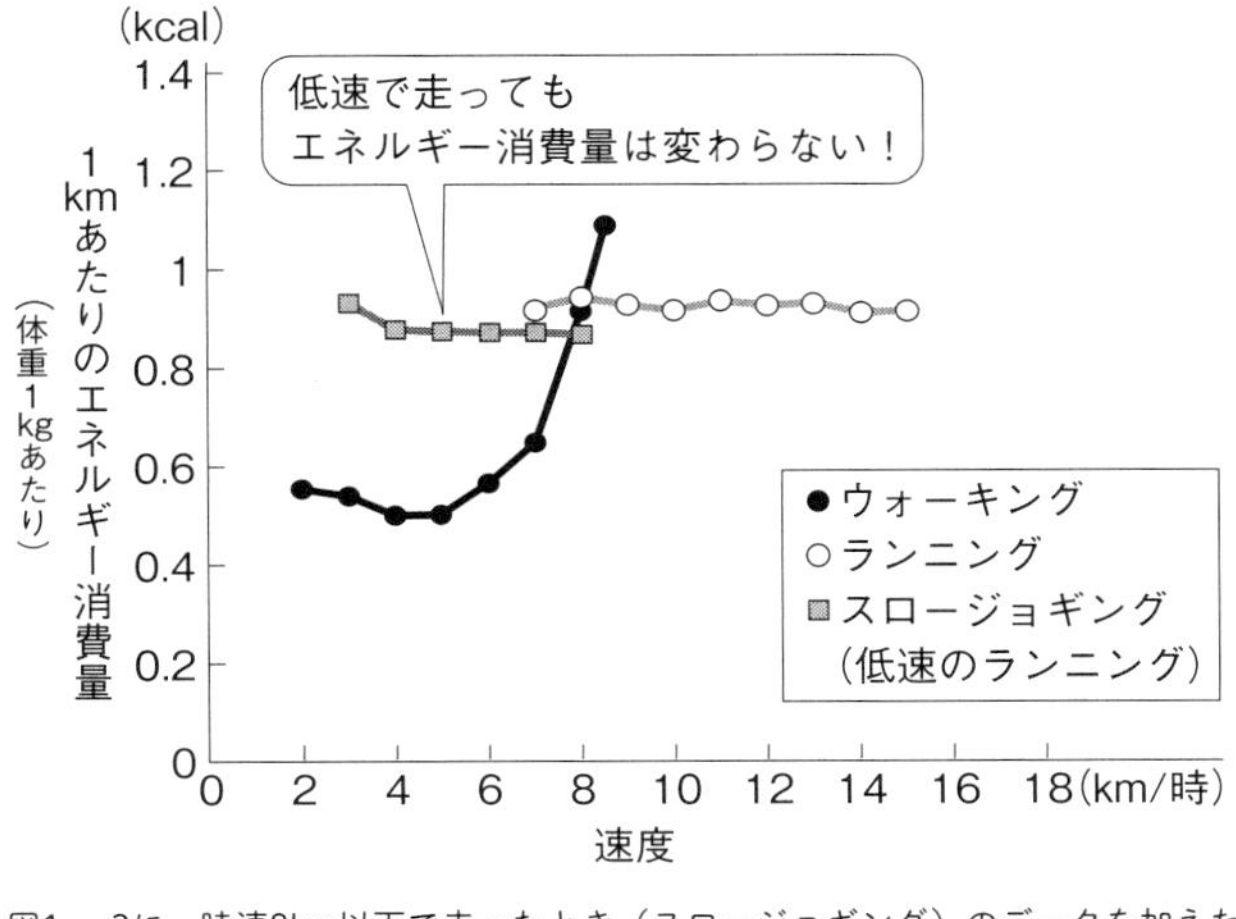

図1－3に、時速8km以下で走ったとき（スロージョギング）のデータを加えたグラフ。ゆっくり走っても、移動1kmあたり約1kcal消費するエネルギー効率は変わらなかった。
（北嶋康雄 他『ランニング学研究』25(1): 19-27, 2014より改変）

には次章で解説していきましょう。

走らないと、筋肉が萎縮する？

図1－6は、基礎代謝量と全身の筋肉量を反映する24時間の尿中クレアチニン排泄量を年齢別に示したものです。加齢に伴って、基礎代謝量と筋肉量が平行して低下していくことがわかります。

筋肉の萎縮は典型的な加齢現象ですが、筋肉量を維持することは、健康を保つために非常に重要です。筋萎縮と筋力の低下は「サ

図 1-6 全身の筋肉量と基礎代謝は加齢に伴って低下する

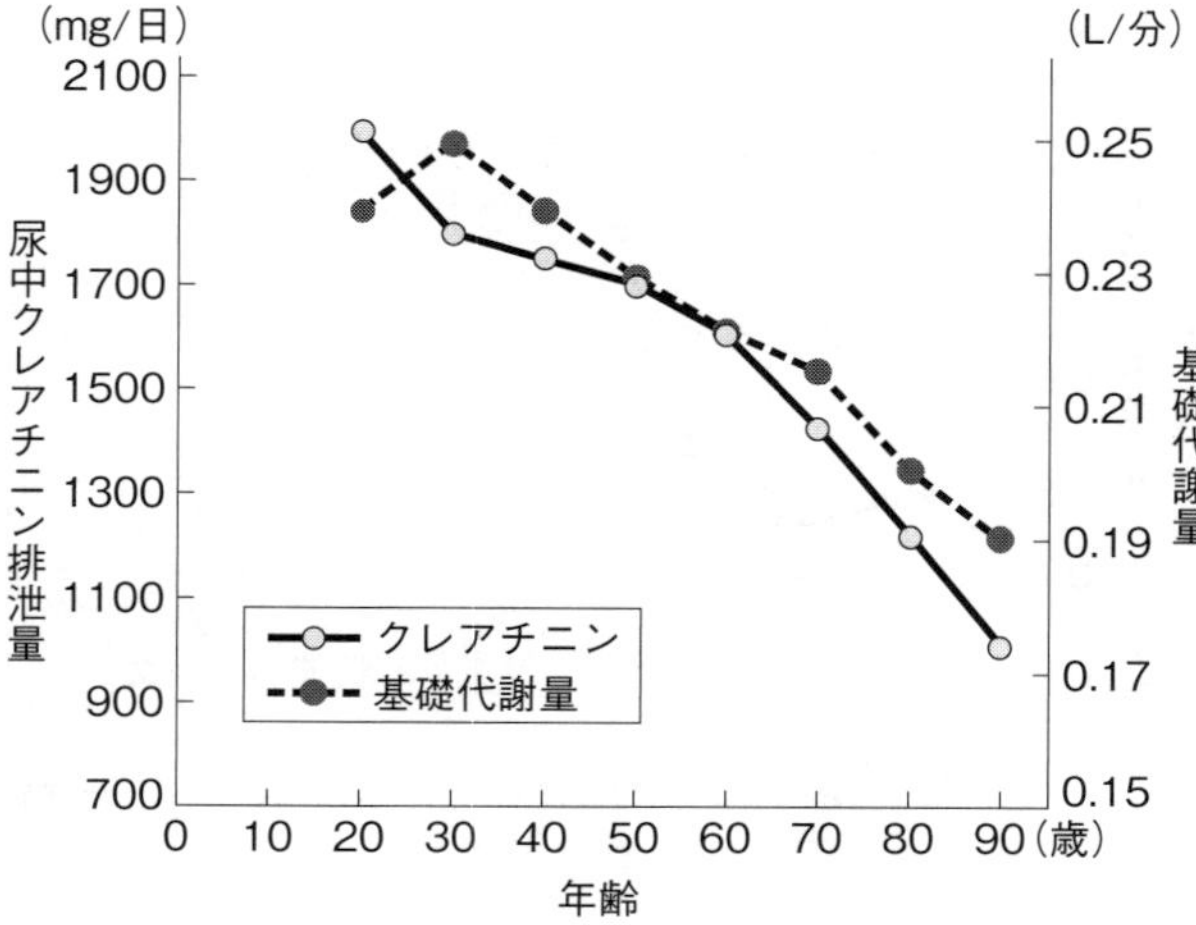

24時間の尿中クレアチニン排泄量は、全身の筋肉量を反映する。加齢に伴って、筋肉量も基礎代謝も低下していく。
（Tzankoff and Norris, *J Appl Physiol*, 1977より改変）

ルコペニア」と呼ばれ、高齢者の主要な健康阻害要因です。

サルコペニアによって身体活動量が低くなれば基礎代謝が低下し、メタボリックシンドロームや生活習慣病の発症リスクが増します。活動量が低下すれば筋肉量がますます減少し、動作が鈍くなり、骨密度も低下します。そこから、転倒骨折、寝たきり、認知症の発症と負の連鎖が進んでしまいます。

しかし、加齢に伴う筋肉の萎縮は一様ではありません。年齢別の身体各部の筋肉量を計測し、年齢別の比較をした研究では、大腿部の前面（大腿四頭筋）は、加齢とともに減少し、とくに60歳を過ぎて低下することが示されて

図1-7　加齢に伴って各部位の筋肉量はどう変化するか

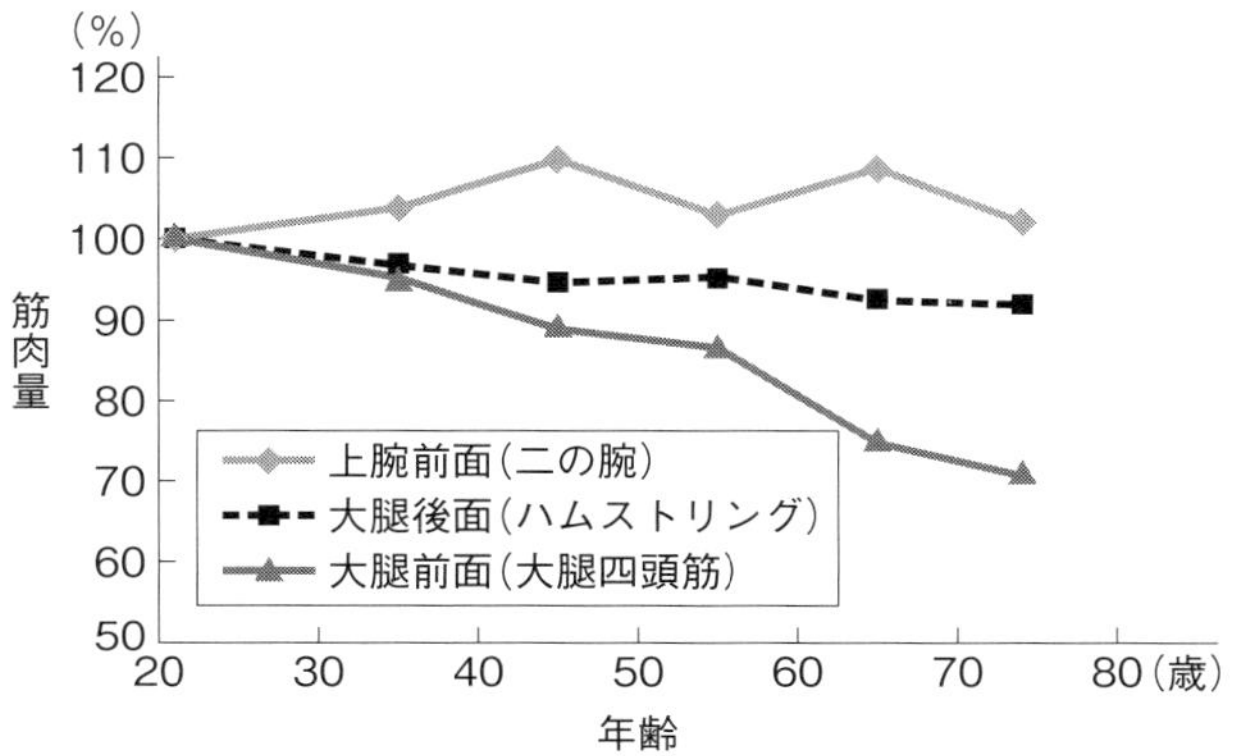

超音波装置を用いて、筋肉量を測定。大腿四頭筋の厚さは加齢とともに薄くなるが、二の腕の筋肉と大腿後部の筋肉（ハムストリング）は加齢の影響がほとんどない。
（福永哲夫 *Geriatric Medicine 43* : 209-214, 2005より改変）

います（図1－7）。ところが上腕（二の腕）の筋肉量は、ほとんど加齢の影響を受けていません。さらに興味深いのは、同じ大腿部でも大腿後面のハムストリングの筋肉量は、萎縮スピードが緩慢であることです。

また、大腿前面のほか、腹部深部の大腰筋、腹筋、背筋も加齢とともに著しく低下することがわかっています。

これは大変興味深い発見です。

ドイツの生物学者ウィルヘルム・ルーが提唱した「ルーの法則」で知られるように、筋肉はほどよく使えば発達し、使いすぎると破壊し、使わないと萎縮していきます。加齢によって萎縮する筋肉は、あまり使われないから次第に低下していくのではないでしょうか。

使う筋肉はこんなに違う

加齢による萎縮が顕著な筋群は、膝の伸展、股関節の屈曲と伸展、そして脊柱を支持する主動筋です。座業ではもちろん、歩くときもあまり使わなくてよい筋群です。歩くときを考えてみましょう。脚を振り子のように使いますから、膝を伸展する動作、また股関節の屈曲、伸展もわずかです。脊柱を立てる必要もありません。むしろ背筋を使わず腰を曲げたほうがラクに歩けます。

一方、走るためには、膝や股関節の曲げ伸ばしが入りますし、なんといっても跳び上がって着地するわけですから、膝、股関節、脊柱を取り巻く筋群をすべて使います。

筋肉が収縮するときには電流が発生します。そのため、筋肉の表面に電極を貼ってそれを記録することができます。これを「筋電図」と呼んでいます。時速4kmの同一スピードでのウォーキングとスロージョギング、時速7kmのジョギング中の下肢の筋群の筋電図をとってみました（図1-8）。

図 1-8　ウォーキングとスロージョギング時の筋肉の使われ方の比較

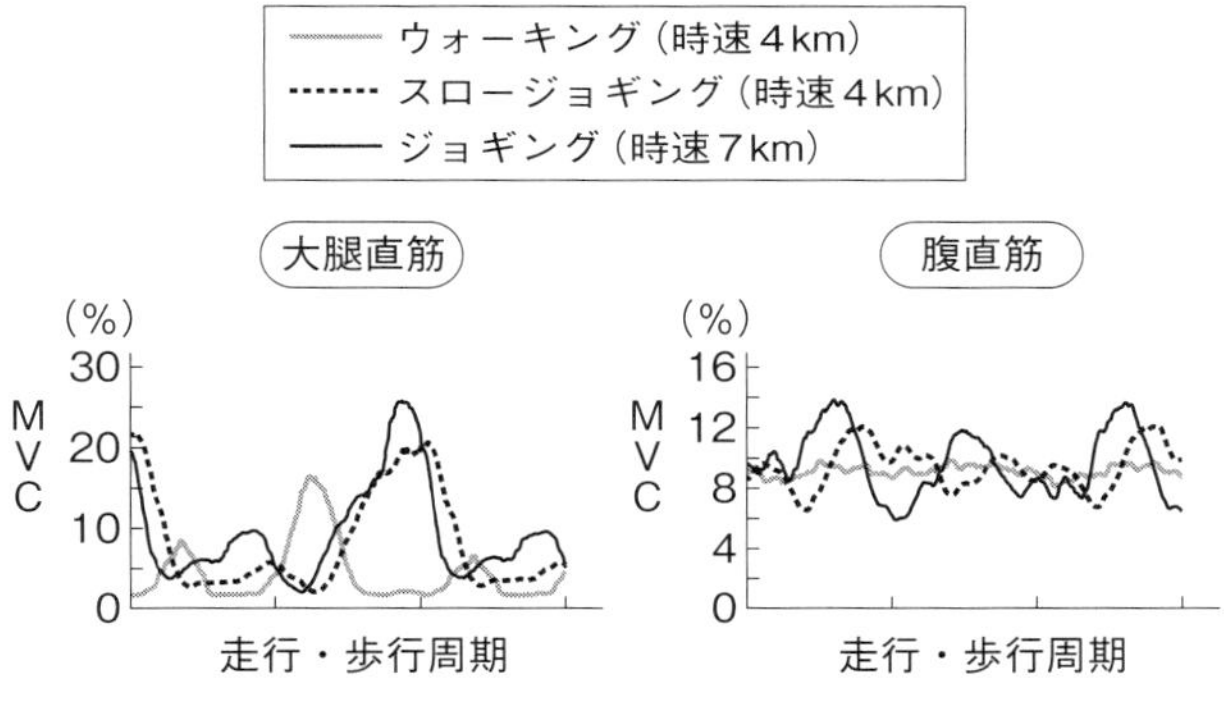

時速4kmのウォーキングとスロージョギング、時速7kmのジョギングで比較した筋電図。縦軸は最大筋力発揮時の何%にあたるかを示す。どちらの筋肉でもウォーキングよりスロージョギングのほうが高い。走行・歩行周期とは、片足が地面に着いてから、同じ足が再び地面に着くまで（2歩分）の周期のこと。
（福岡大学身体活動研究所資料より改変）

縦軸のＭＶＣという単位は、筋の電位が最大筋力発揮時の何％にあたるかを示しています。この値が高いと、それだけ筋肉を使っているということになります。

するど、どの筋肉もスロージョギングのほうが高く、とりわけ太ももの前面の大腿直筋《だいたいちょっきん》、外側広筋《がいそくこうきん》が、ウォーキングに比べてスロージョギング中によく使われていることがわかりました。そのほか、腰回りの大臀筋《だいでんきん》、腹直筋（腹筋）、背筋、深部の大腰筋《だいようきん》も、ウォーキングよりスロージョギング中によく使われます（図１‐９）。

つまりスロージョギングは、ゆっくり走るのでラクではあるのですが、全身の筋肉を鍛えることができます。歩くだけでは大きな筋群をあまり使わないため、筋肉が衰えていってしまう可能性があるのです。

先にお話ししたように、人類の歴史の中で、ヒトは大半の時間を狩猟採集によって生きてきました。獲物を捕まえるために、長時間走り続けることが日常だったわけです。しかし、生活様式が変化し、交通手段が発達した現代では、日常生活で速く移動する必要がなくなりました。

つまり、ランニングをする必要がなくなったから筋萎縮が加速し、サルコペニアを生じているといえるのではないでしょうか。ウォーキングでも、階段や坂道を上る場合は走るときと同様にこれらの筋群が働きますが、エスカレーターやエレベーターの普及でそうする必要も少なくなりました。

図1-9 ウォーキングとスロージョギングで使われる筋肉の違い

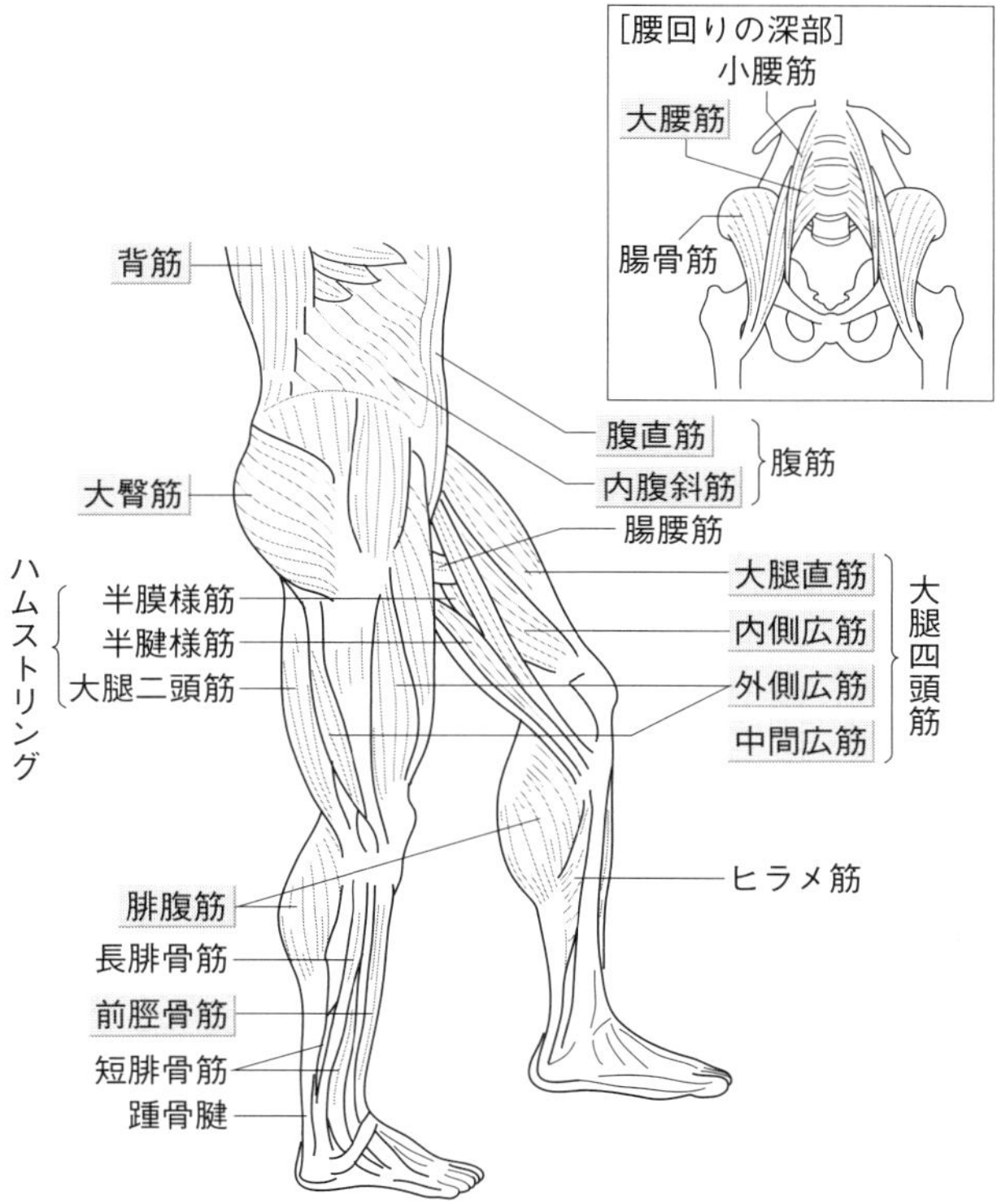

大臀筋など、枠で囲った部分の筋肉が、とくにウォーキングよりスロージョギングでよく使われる筋肉を示す。中間広筋は、大腿前面の深部にある筋肉。

大筋群を使わなくてすむようになった現代社会が、老化を加速させているといえるかもしれません。逆に考えれば、ランニングをすることで、老化によって萎縮する筋肉を鍛えることができるので、サルコペニアをはじめとする負の連鎖を食い止めることができるはずです。

60代で若者並みの筋肉量を保つ

とりわけ60歳をすぎると、筋萎縮とそれに伴う基礎代謝量の減少がより顕著になります。２００６年から厚労省は、メタボリックシンドロームの該当者を見つけ、積極的に支援する予防対策を始めましたが、その調査報告（平成26年度）をみると、メタボリックシンドローム該当者の割合は40歳代に比べて、70歳代の男性で１・９倍、女性ではなんと５・１倍も多く見受けられます。

筋萎縮に伴う基礎代謝量の低下と、加齢とともに活動量が減少することがその理由に違いありません。

先にお話ししたとおり、加齢現象である筋萎縮は全身の筋肉で起こるのではなく、部位特性があることがわかってきました。年齢とともに顕著に萎縮する部位は、すべてランニングで主要に

使われる筋肉です。ランニングをすれば、きっとそれらの筋肉の萎縮を防げ、それだけでなく回復することもできるに違いないと私は考えており、それを実証する研究を続けています。

多周波インピーダンス法という手法を使うと、比較的簡単に部位別の筋肉量を推定することができます。この手法を用いて、川内優輝選手の大腿部筋肉量を測定させていただきました。また20年走り続けている筆者の筋肉量も測っていますので、さまざまな年齢の一般市民の方のデータと比較してみました。

図 1-10　川内優輝選手、筆者と一般市民の大腿部筋肉量

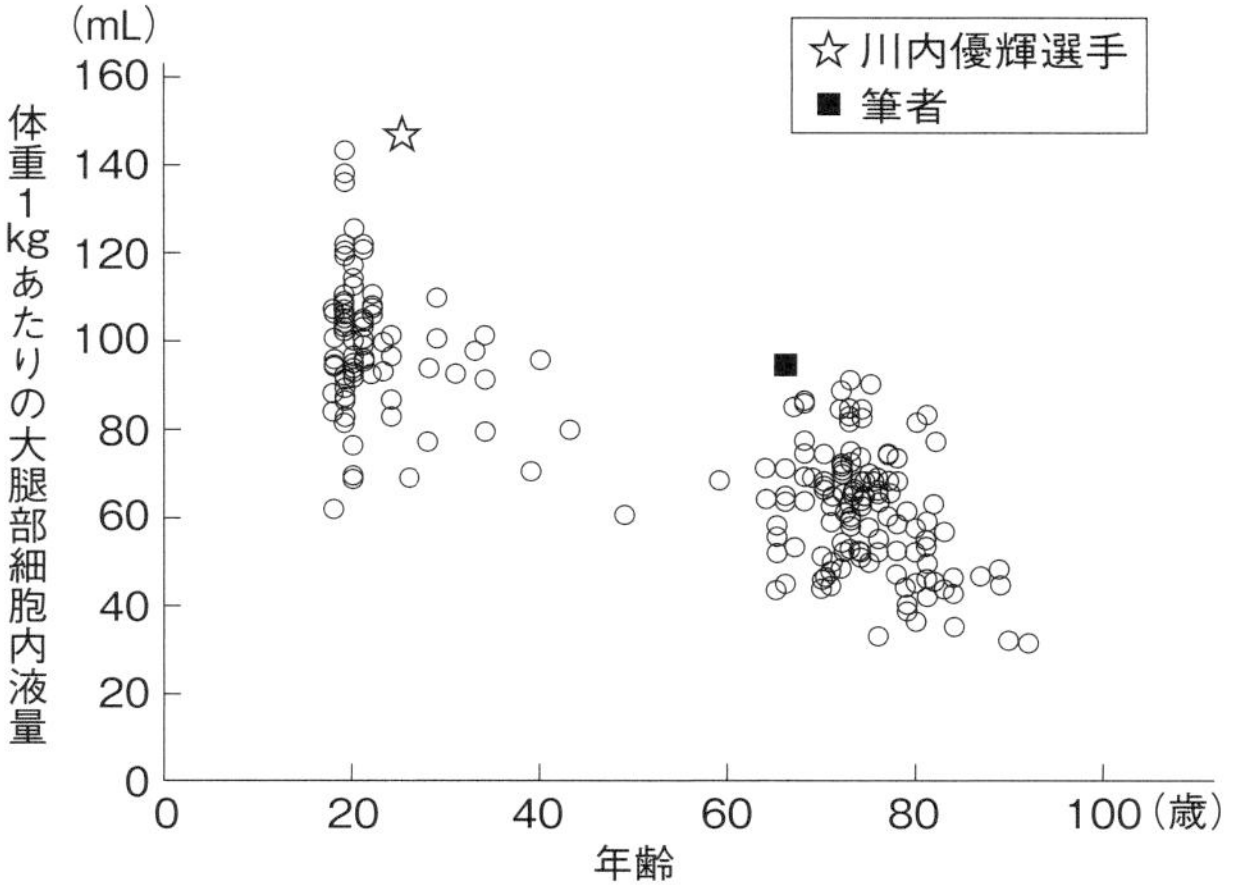

川内優輝選手、筆者、学生や一般市民の筋肉量（大腿部細胞内液量）を測定。年齢とともに減少するが、トレーニングを積んでいると、筋肉量の低下は防げる。
（山田陽介：日本臨床栄養学会誌（印刷中），2017より改変）

図1－10に示しましたが、川内選手の大腿部の筋肉量は、もちろん同年代の他の一般市民に比べ明らかに多いですし、筆者も同年代より高く、若者並みを維持しています。

実際、平均年齢70歳の37人の高齢者にスロージョギングを1日に30分程度、3ヵ月間続けてもらった結果、体力の増加と大腿部の筋肉量の増加が確認されました。ランニングをすることで、加齢に伴う筋肉量の低下を防げる可能性が示唆されたのです。

「走れる身体」を作るための筋トレは必要ない

ランニングを始めるために、まずは筋トレをしてある程度筋力をつけてから走り始めたほうがよいのでしょうか？　と訊かれることもありますが、その必要はまったくありません。これまでほとんど運動をしてこなかった人でも、大丈夫です。これまで説明してきたように、ランニングを始めれば、次第に必要な筋肉はついていくので、走ることそのものが、ランニングのための筋トレになるのです。
ランニングのために筋力トレーニングをすると、むしろマイナスになってしまうこともあるので、注意が必要です。

たとえば、ベンチプレスは、大胸筋や二の腕の裏側の筋肉（上腕三頭筋）を鍛えるトレーニングです。このトレーニングを重ねることで、筋肉が肥大して胸が厚く、腕は太くなります。すると当然上半身が重くなり、体重自体も増えますので、走るときに負担が増えることになってしまいます。

こうした腕の筋肉のトレーニングは、ランニングの際の腕振りに必要だという意見もありますが、それくらいの筋肉はどんな人にもある程度備わっているものですし、次章でお話しするように、スロージョギングでは上半身はリラックスさせたいので、腕を強く振る必要はありません。腕を意識的に振ろうとすると、こぶしを握り締めて不必要な力がかかって、無駄なエネルギーを使ってしまいます。

また、脚の筋力をアップさせるために、ジムなどでは椅子に座って負荷をつけて膝を曲げ伸ばしするトレーニングマシンなどがあります。これを続けると、膝の上、太ももの内側と外側に筋肉がついて重くなります。

走るときに太ももを前方に振り出すためには、股関節が支点となり、その付近の大腰筋と腸骨筋（53ページ、図1－9参照）が使われて脚を動かします。それなのに、支点から遠い膝まわりに筋肉がついて重くなれば、脚を振り出すために余計な力が必要となってしまうのです。「てこの原理」を思い出していただければ、よくわかるでしょう。

これと同様に、ふくらはぎの下部の筋肉も鍛えすぎて重くなると、長距離を走るのにはデメリットとなります。そもそもふくらはぎの下部の筋肉は、地面を蹴り上げるときに使うものですが、次の章でお話しするように、スロージョギングでは「地面を蹴り上げない」ことがポイントとなります。蹴るための筋肉は必要ないのです。

一流ランナーの脚を観察してみてください。膝まわりやふくらはぎの下方はじつに細く、余計な筋肉がついていません。

第2章

走るための基礎知識〈実践編〉

スロージョギングが、マラソン完走・サブスリーへのいちばんの近道

スロージョギングは、何歳からでも、誰にでもすぐに始められる運動です。本格的にレースを目指している方も、これをマスターすればより高いパフォーマンスを発揮できます。効果を出すためには、走り方の簡単なコツがいくつかあるので、本章で押さえてください。

走るということは人間が本来持っている機能をうまく使った自然な運動であるということが、第1章を読んでおわかりいただけたでしょうか。それでは次は、実際に走るための基礎知識、実践編です。

先ほどお話ししたゆっくりしたスピードの「スロージョギング」がなぜいいのか、より実践的なお話と、スロージョギングの方法について、具体的に解説していきたいと思います。繰り返しになりますが、誰でも走る才能は持っているので、どんな方でもすぐに始められます。難しいことは何もありませんが、より効果を出すためのコツがいくつかありますので、ご紹介していきましょう。

60歳から始めて4ヵ月で3時間台を達成

まず最初に、スロージョギングによって短期間で大きな成果をあげた方の事例をご紹介します。会社を早期退職して、還暦を迎えてから、健康のためにと思い立ってランニングを始めた男性がいました。仮にAさんと呼ぶことにします。

Aさんは、スロージョギングを始めてから4ヵ月後にフルマラソンに挑戦。なんと初めてのフ

ルマラソンで、60歳にして3時間42分というタイムで走ってしまいました。学生顔負けのとてつもない記録です。よほど若いころから鍛えていたのかと思いますが、子供のころ、走るのは大の苦手で、クラスでも遅いほうから2～3番だったそうです。学生時代にも一切スポーツをしていませんでした。

しかし会社員になってスキーの魅力にとりつかれ、そのトレーニングのために山登りを始めたそうです。早期退職されて、山登りのため群馬に終《つい》の住処を定めました。そのことが功を奏したのかもしれません。そのころ、拙書『賢く走るフルマラソン』（ランナーズ）でスロージョギングに出会い、マラソンにチャレンジすることにしたそうです。当初の体重は61・8kgでした。スロージョギングとちょっぴりダイエットで減量を開始、4ヵ月後には6kg減量でき、走れる身体になりました。

その後、どんどん記録が伸び、63歳で3時間7分まで短縮、3時間を切る「サブスリー」まであと一歩のところまできました。サブスリーは、若者でも達成するのは簡単ではありません。実際、私たちの福岡大学のスポーツ科学部の学生でも、長距離選手以外でサブスリーを達成できる人はほんの一握りです。Aさんは、定年からランニングを始めて若者のトップクラスに肩を並べるほど持久力を高めることができたわけです。

スロージョギングを続けることで、年齢に関係なく結果を出すことができるのです。

スロージョギングとは？

先ほど紹介したように、スロージョギングとは、歩くくらいの低速で走ることです。実践するときの大事な2つのポイントを押さえておきましょう。

①「にこにこペース」でゆっくり走ること

② 歩幅を狭くして、フォアフット（足の指の付け根あたり）で着地すること

この2つの点さえ意識すれば、誰にでもすぐに始められます。特別な技術は必要ないのですが、これらのポイントについて、少し丁寧に解説していきます。

自分に合ったペースの見つけ方

まず、走るペースは、息を切らすことなく、笑顔を保っておしゃべりできる上限のスピードです。これを「にこにこペース」と呼ぶことにします。

　当然ですが、人によってにこにこペースの速度は違います。

　歩くくらいの低速でない人もいると思いますが、それも「スロージョギング」と定義することにします。

　笑顔が保てるペース

表2-1　ボルグの主観的強度とにこにこペースの目安

指数	主観的に感じるキツさ	ペースの目安
20		しかめっ面ペース
19	非常にキツい	
18		
17	かなりキツい	がんばりペース
16		
15	キツい	
14		
13	ややキツい	
12		にこにこペース
11	ラクである	
10		
9	かなりラクである	るんるんペース
8		
7	非常にラクである	
6		

44ページ表1－1に、ペースの目安を加筆した表。にこにこペースは、主観的に「ラクだ」と感じられる速さ。

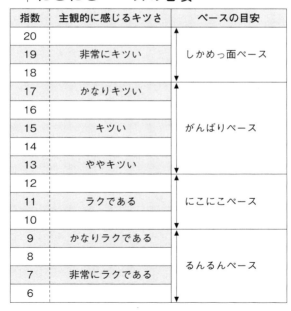

で走れば良いので、タイムを測定する必要すらないのですが、より厳密に知りたい方のために、自分のにこにこペースの簡易的な測定法をご紹介しましょう。

まず、表2－1を準備してください。これは、1章で紹介したボルグの主観的強度表に、該当するランニングのペースを示したものです。

そして、平地のグラウンドや道路で、歩幅を極力狭くして3～4分走ります。そのときの主観的強度（主観的に感じるキツさ）が10未満であれば、少しずつ速度を上げ、その速度のランニングを3～4分持続して、主観的強度が10～12の範囲になるランニング速度を見つけます。

念のためにさらに少し速度を上げ、そのまま3～4分持続して走ってみましょう。速度を上げたにもかかわらず、主観的強度が10～12の範囲内であることがしばしばありますので、主観的強度が13以上になるまで繰り返してみてください。13以上になる一歩手前の速度が、あなたの現在のにこにこペースに相当します。

速度の測定には、フィットネスクラブや市区町村の体育館などに設置されているランニングマシーン（トレッドミル）を利用すると便利です。体力に自信のない方であれば、高齢者は時速2㎞、その他の方は時速3㎞からランニングマシーンで走り始めます。その後、時速0・5㎞ずつ速度を上げていき、それぞれ3～4分持続して主観的強度を調べます。主観的強度が13以上になる速度の0・5㎞／時遅い速度をにこにこペースとします。まったく走ったことがない方の場合、時速3kmから5kmあたりでしょう。「走る」といっても、スロージョギングは初心者では歩くペースの速さですから、普通の方がイメージされるランニングよりもだいぶゆっくりです。「本当にこれでフルマラソンが走れるようになるの?」と不安になるかもしれませんが、大丈夫です。慣れていけば、少しずつにこにこペースは上がっていきます。

主観的強度は、あくまでもあなた自身が感じるキツさですから、「だいたいこれくらいかな」と思うところがわかれば、それで構いません。

にこにこペースは「乳酸が溜まらない速度」

にこにこペースで走ると、なぜラクにフルマラソンも完走できるようになるのでしょうか?じつはにこにこペースとは、乳酸がちょうど蓄積しはじめるレベルの軽い運動なのです。

乳酸が蓄積するメカニズムとその影響については4章で詳しく紹介しますが、簡単にいうと、乳酸が溜まれば溜まるほどグリコーゲンを消耗します。体内では糖がグリコーゲンの形で貯蔵されているのですが、グリコーゲンは、いわば身体を動かすためのガソリンの役割を果たすもので

す。

乳酸がどれだけ溜まっているかは、血中の乳酸濃度を測定することで調べることができます。たとえば、時速3kmで数分走ってみましょう。その後、運動直後の血中乳酸濃度を測ると、安静時と変わりません。

次に時速4kmで数分走り、直後の血中乳酸濃度を測ります。さらに少しずつスピードを上げながら、スピードと血中乳酸濃度の関係を調べてみます。

ランニング初心者のBさん

図 2-1 **走るスピードと血中乳酸濃度〈21歳初心者ランナーと67歳ベテランランナーの比較〉**

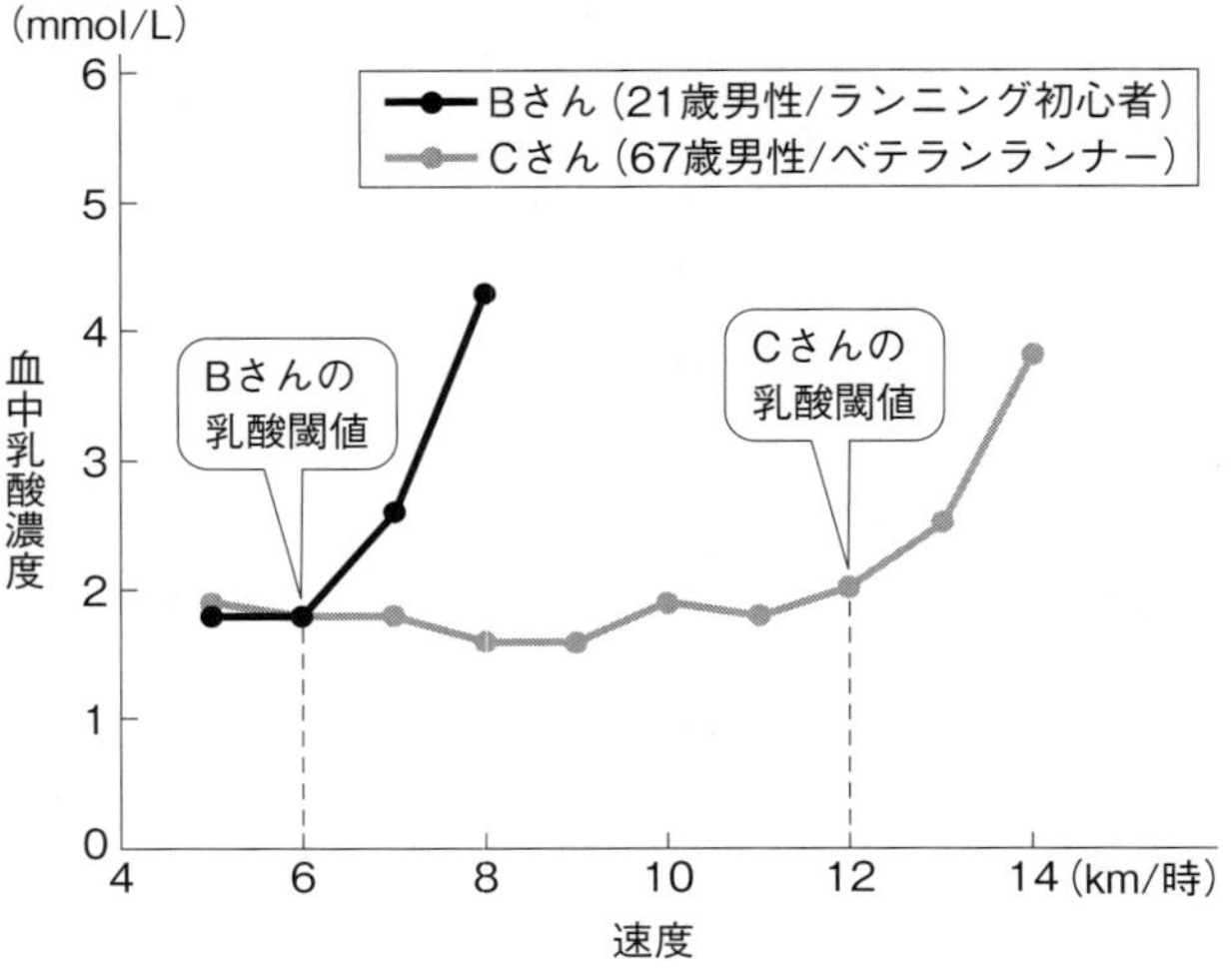

21歳のランニング初心者・Bさんは時速6kmを超えると乳酸濃度は上昇し、67歳のベテランランナー・Cさんは時速12kmから乳酸濃度が上昇している。年齢にかかわらず、乳酸閾値はトレーニングによって上がる。
（福岡大学身体活動研究所資料より改変）

（21歳・男性）の場合、血中乳酸濃度は時速６kmまで安静時とほとんど変わりませんでした（図２－１）。

しかし、時速６kmを超えると明らかに血中の乳酸量が増え、それより速くなると、スピードが増せば増すほど過剰の乳酸が蓄積していきます。Bさんの場合、血中に乳酸を蓄積することなく走れるのは、時速６kmまででした。

乳酸濃度が上がり始める速度は人によって異なりますが、どんな人も、ある速度を超えたところで急激に濃度が上がり始めます。この乳酸の蓄積が開始されるときのスピードを「乳酸閾値《いきち》」といいます。Bさんの場合、乳酸閾値は時速６kmです。またこの速度は、トレーニングを続けると次第に速くなっていきます。

図を見るとわかるとおり、ベテランランナーのCさん（67歳・男性）は、時速12kmまで乳酸濃度はほとんど上がりませんでした。年齢にかかわらず、走ることで次第に乳酸閾値は高まっていくのです。

我々は乳酸閾値未満のランニングを「るんるんペース」、乳酸閾値付近を「にこにこペース」、それ以上を「がんばりペース」と呼んでいます。とくに安静時の４倍以上の乳酸が溜まるスピードを「しかめっ面ペース」と呼びます。がんばりペースは、乳酸を溜めながらもなんとか走れるスピード、しかめっ面ペースは乳酸がどんどん溜まり疲労困憊するスピードです。ボルグの主観的強度と対比させると、63ページの表2－1に示したような目安となります。

にこにこペースは乳酸が蓄積しませんので、ガソリンに相当するグリコーゲンを節約してランニングをすることができるというわけです。じつはマラソンの疲労の原因は、〝ガス欠〟、つまりグリコーゲンの消耗です。脳はグリコーゲンをエネルギー源としているため、それが不足すると「疲れた」と感じるのではと考えられています。そのため、にこにこペースのランニングならどんな年齢でも長距離を走ることができ、マラソンを完走することすら難しくありません。

心拍数から 自分のにこにこペースを見つける方法

自分に合ったペースはどれくらいか、初心者であれば心拍数からみることもできます。

まず、主観的強度（63ページ、表2－1）が10～12になるように走り、そのペースで3～4分走り続けたあとに心拍数を確認します。そのときの1分間の心拍数は**〈138－年齢÷2〉**に近似するはずです。〈138－年齢÷2〉より低い場合は、少しスピードを上げて再測定します。〈138－年齢÷2〉を目指して走った場合に主観的強度がどうしても13を超えてしまう方が稀に見受けられますが、その場合は**〈128－年齢÷2〉**をターゲットとします。逆に〈138－

年齢÷2〉になる速度で走って主観的強度が9以下であれば、〈148－年齢÷2〉を目指して走ります(図2－2)。

トレーニングを続けていると、同じスピードで走った場合に心拍数が低くなってきますので、トレーニング効果の判定にも使うことができます。トレーニングによって体力が向上することを「トレーニング適応」といいます。車でいうとエンジン性能が上がるのと同じイメージです。

先ほど「初心者であれば」と断ったのは、トレーニング適応が起こるとにこにこペースで走っても(148－年齢÷2)を超えることがあるからです。

1ヵ月に1度、ランニングマシーンでにこにこペースと思われるスピードで4分間、それより時速を1km上げて4分間、さらに時速を1km上げて4分間走り、それぞれのスピードでのランニング終了直前の心拍数

図 2-2　**心拍数から にこにこペースを見つける方法**

63ページの表2-1に従って、主観的強度が10〜12になる速さで3〜4分走る。そのときの1分間の心拍数が、以下の数値に近づくように速さを調整する。

[138－年齢÷2]

それでもつらい場合は……

[128－年齢÷2]を目指す。

余裕がある場合は……

[148－年齢÷2]を目指す。

を記録しておきましょう。フルマラソン経験者は、自分の記録の平均スピードで走り、心拍数を記録します。同一スピードで走った場合に心拍数が下がっていれば、トレーニング効果が上がった証拠です。もちろん減量できれば、それだけでも心拍数が下がります。

ちなみにこのとき使う心拍計は、よほど安価なものでない限り、どんな製品でも性能に大差ありません。

かかと着地かフォアフット着地か

ランニングのスピードは、ピッチとストライドで決まります。ピッチは1秒間の歩数、ストライドは1歩の距離です。

速く走るためにはストライドを増す必要があり、そのためかかとで着地したほうがよいと言われてきました。このような考え方にもとづいたとみられますが、1970年代にかかとの部分が厚くクッション性の高いシューズが開発されました。現在、ジョギングシューズはこうしたかかとの厚いものが主流です。とくに初心者向けのシューズは、かかとを中心に底が厚いものが多いです。

実際、街中でランニングしている人々の走り方を観察してみると、ほとんどがかかと着地です。私自身も、以前はかかと着地で走っていました。しかし、走り始めて1年後、念願のサブスリーを達成し、さらに記録を伸ばすために走法を変えました。かかとではなく、足指の付け根で着地する「フォアフット着地」に切り替えたのです。

この走法により、ストライドよりもピッチを稼ぐ走り方になりました。つまり、歩幅が狭くなり、歩数が増える走り方です。走法を変えたひとつの理由は、同じ運動量に対してピッチで稼げば、一歩一歩の衝撃が少なくなるはず、と考えたからです。

ヒトがその場でジャンプするときは、必ず足指の付け根（フォアフット）で離陸し、フォアフットで着地します（図2－3）。かかとでジャンプしてみると、高く跳べませんし、着地したときの衝撃がフォアフット着地に比べ大きいことがわかります。

実際、前述のリーバーマンたちの研究によると、かかと着地とフォアフット着地の床反力（床から受ける反発力）を比較し、フォアフットに比べてかかと着地はおよそ3倍も働く力、つまり衝撃が大きいことを報告しています（『ネイチャー』２０１０年）。

図２－４は、かかと着地とフォアフット着地の床反力の測定結果です。かかと着地では着地直後に衝撃があるのに比べ、フォアフット着地は衝撃がまったくなく、ソフトランディングであることがよくわかります。フォアフット着地にすれば、膝への負担が断然減りそうです。

筋肉の使い方としても、フォアフット走法は理にかなっています。というのも、フォアフット走法は歩幅を狭め、ピッチを多くしますので、着地時に大腿前面と大腿後面の筋肉群を同時に収縮させます。このような筋の使い方は膝を保護するように働くと考えられます。

ランニングをすでにされている方は、履いているシューズを裏返してみてください。靴底を見るとかかとの減りが均一でなく、外側がより減っている方が多いでしょう。そうした方がかかとで着地すると、どちらかに傾いて着地しか

図 2-3　その場でジャンプしてフォアフットを確認する

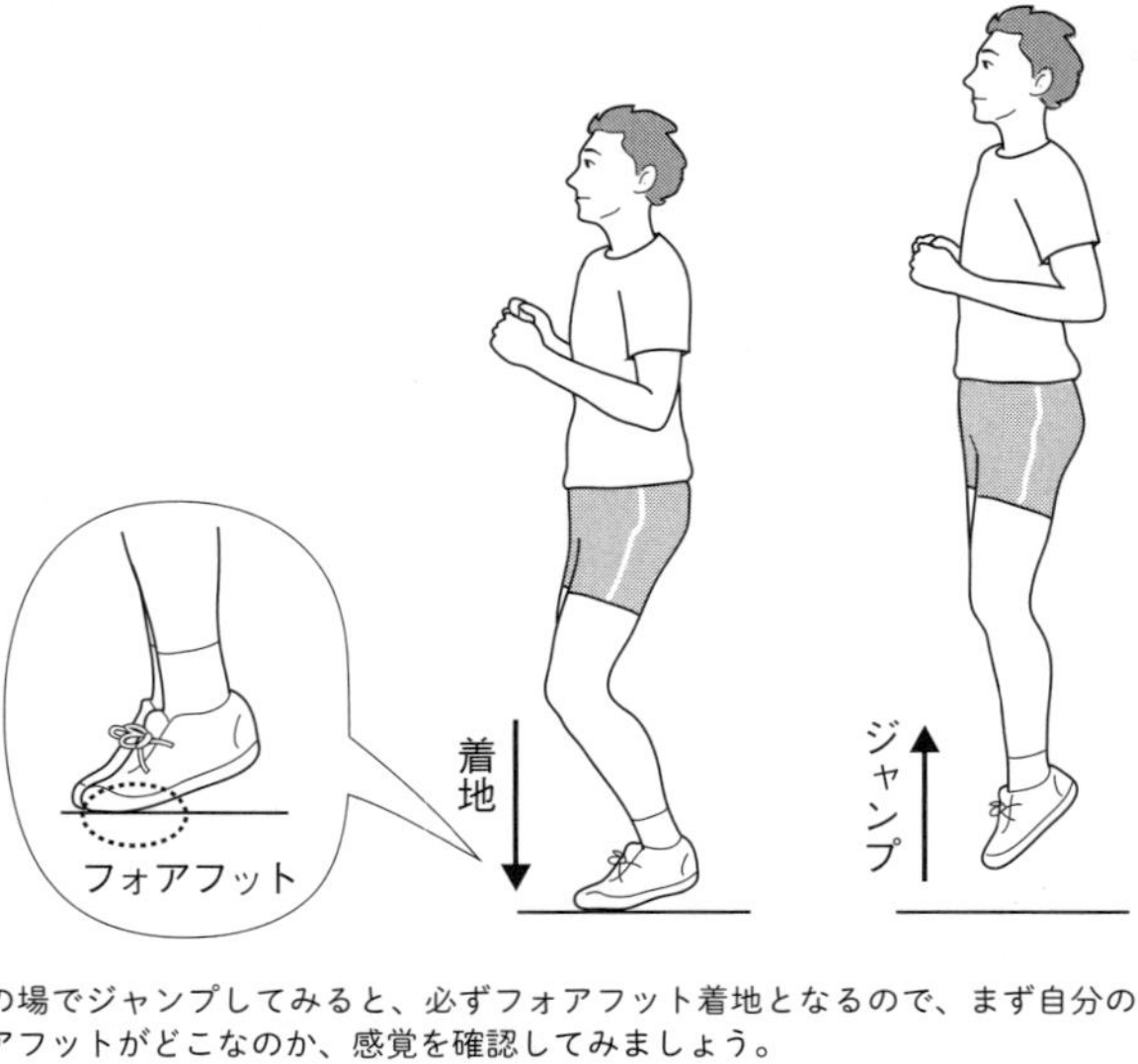

その場でジャンプしてみると、必ずフォアフット着地となるので、まず自分のフォアフットがどこなのか、感覚を確認してみましょう。

図 2-4 | かかと着地とフォアフット着地の衝撃の違い

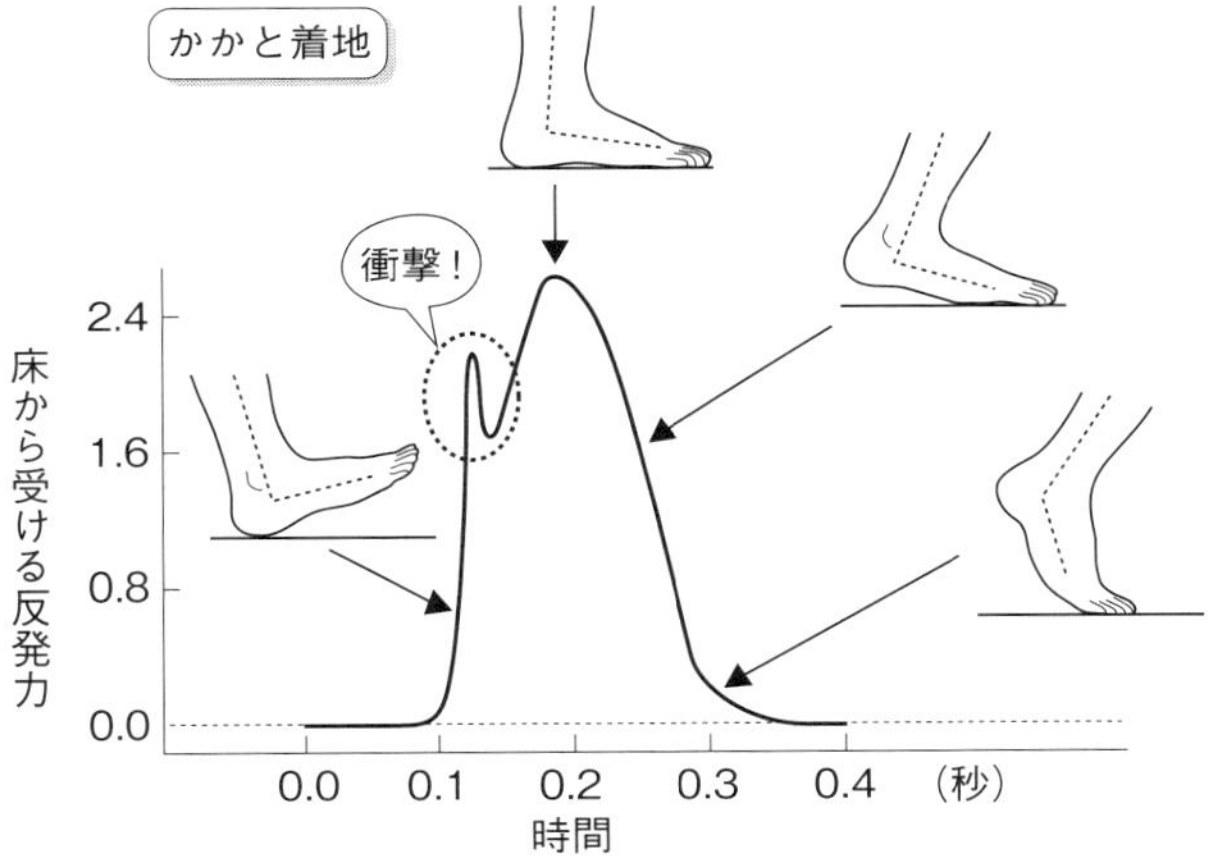

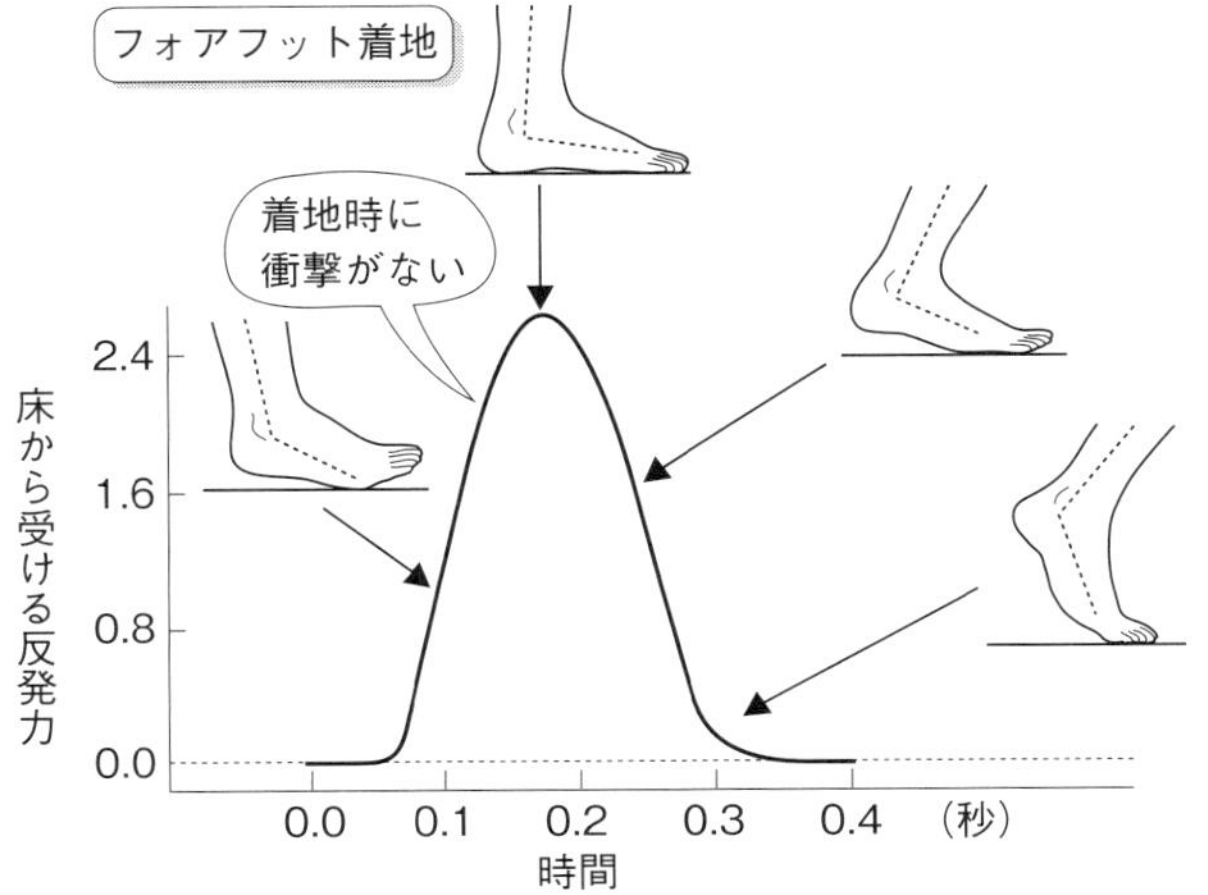

かかと着地（上）は、着地直後に大きな衝撃があるが、フォアフット着地（下）は、スムーズな着地であることがわかる。
（Lieberman E,et al., *Nature* 463: 531-535, 2010より改変）

ねません。するとO脚になって膝が外側に傾き、それだけ片方の軟骨が減りやすくなり、膝痛を起こす原因になります。

しかしフォアフット着地では、親指の付け根から小指の付け根まで全体で均一に着地しますので、アライメント（骨のならび）がまっすぐに保たれます。したがって膝痛を起こしにくいと考えています。

フォアフットで金メダル

2012年に放送されたNHKスペシャルで『ミラクルボディー』と題してアフリカのトップランナーと日本人ランナーの走り方を徹底比較していたのですが、そこで大きな違いとして示されたのが「着地」です。日本の選手はかかと着地でしたが、2011年ベルリンマラソンで世界記録を出したケニアのパトリック・マカウ選手、1万m走の世界記録保持者であったエチオピアのハイレ・ゲブラセラシエ選手は、どちらもフォアフット着地でした。

フォアフット走法は、とくに新しい走り方というわけではありません。むしろ、昔からある走法です。

たとえば、1970年彗星のごとくデビューしたアメリカのフランク・ショーター選手もフォアフットランナーでした。イェール大学出身の彼は、医師になるかランナーとして夢を追うか迷ったあげく、ランナーを選んだそうです。ショーター選手はそのころ世界的に有名であった福岡国際マラソンにチャレンジし、見事優勝。その後も驚異の4連勝を遂げました。そしてミュンヘンオリンピックで金メダル、さらにモントリオールオリンピックでは銀メダルでした。惜しくも金は逃したのですが、金メダルを獲得した選手にドーピングの疑いがかけられたので、オリンピック2連勝を遂げたといってもおかしくありません。

フランク・ショーターだけではありません。おそらく1970年以前のランナーは、ほとんどかかと着地ではなかったはずです。伝説のマラソンランナーであるエチオピアのアベベ・ビキラは1960年のローマオリンピックで石畳を裸足で走り抜き、金メダルに輝きました。もちろんフォアフット着地です。裸足では、痛くてかかと着地では走れません。

アメリカのヒーローであるビル・ロジャース、日本のトップランナーであった重松森雄、宇佐美彰朗《あきお》、中山竹通《たけゆき》もそうでした。

繰り返しますが、その場で足踏み、あるいはジャンプするときには、誰でもフォアフット着地です。なぜかといえば、その場足踏みでかかと着地にすると、ジャンプで高く跳べませんし、着地の衝撃がとても大きくなるためです。

ヒトが高く跳べる理由は、足の裏の足底筋膜《そくていきんまく》とアキレス腱がバネの役割をするからです。足底筋膜とアキレス腱は、ゴムのように引き伸ばされると収縮する性質があります。これは、いわば昔流行したホッピングと同じです。バネを使って高く跳ぶことができるわけです。これを「ストレッチ・ショートニングサイクル」と呼んでいます。

このバネ効果を利用するフォアフット着地で走るほうが効率がよく、しかも衝撃を吸収してくれるのでケガが少ないのです。したがって、私はストライドよりもピッチを多くし、フォアフットで走ることをすすめています。

ピッチはどれくらいか

私は全国各地で一般の方を対象にしたランニング講習をよくおこなっていますが、そのとき、まず最初に参加者のピッチを確かめます。

走るときに、15秒間で何歩かを数えてみてください。どこで講習しても、平均は40～42歩で、45歩以上はきわめて稀です。これはストライド走法に慣れている結果です。

１９６５年のウィンザーマラソンで世界最高記録を樹立した重松森雄さんは、ピッチ走法のラ

ンナーで、そのピッチは15秒で50歩を超えています。私が走るときも同じくらいです。一般の方でも、フォアフット着地で走ると、ピッチは15秒で45歩以上です。おそらくどなたも同じような数になると思います。

走るときの意外なコツ

まったく走ったことのない方のランニングフォームを観察すると、ほとんどの方がかかと着地です。さらに「あごはどうしますか?」と尋ねると「あごを引く」と答えます。

じつは、この2点を矯正するだけで、非常に格好よいランニングフォームに生まれ変わります。すなわち、フォアフットにして、あごを上げぎみにするのです。

意外かもしれませんが、あごを少し上げたほうがラクに走れます。あごを上げたほうがラクに呼吸できます。走って息が苦しくなってくると、あごが上がってきますよね。呼吸しやすくするために、身体が自然に反応した結果です。

また、実際に試してみるとおわかりになると思いますが、あごを引いて走ると脚が曲がり、あごを引かずに走ると脚が伸びやすくなります。脚が伸びると、走るときに地面を押しやすくなる

のです。これは無意識のうちに起こる姿勢反射という作用です。

そして、あごを少々上げると背骨が反るような姿勢になりますが、そうすると骨盤が前に傾いて大腰筋（53ページ、図1－9参照）が引き伸ばされます。筋肉は引き伸ばされると反射的に収縮しようとしますから、大腰筋が収縮すれば、脚を前に振り出しやすくもなるというわけです。

フォアフット走法に慣れる

フォアフットでは走りにくい、という方もいます。そういう方は、走る前に、まずその場でジャンプを繰り返してみてください。すると、誰でも必ずフォアフット着地になります（72ページ、図2－3参照）。次に、その場で駆け足をします。これまた、誰もがフォアフット着地になります。そのまま歩幅を広げていけば、自然とフォアフット走法になります。

注意してほしいのは、フォアフットは「つま先」ではないということです。足の指の付け根あたりです（図2－5）。つま先で着地すると、アキレス腱に負担をかけてしまうので、注意してください。もし、走り続けるうちにアキレス腱が痛むようなら、フォアフット着地ができていないということなので、改めて確認してみてください。

図
2-5

フォアフットで走る
スロージョギングのコツ①

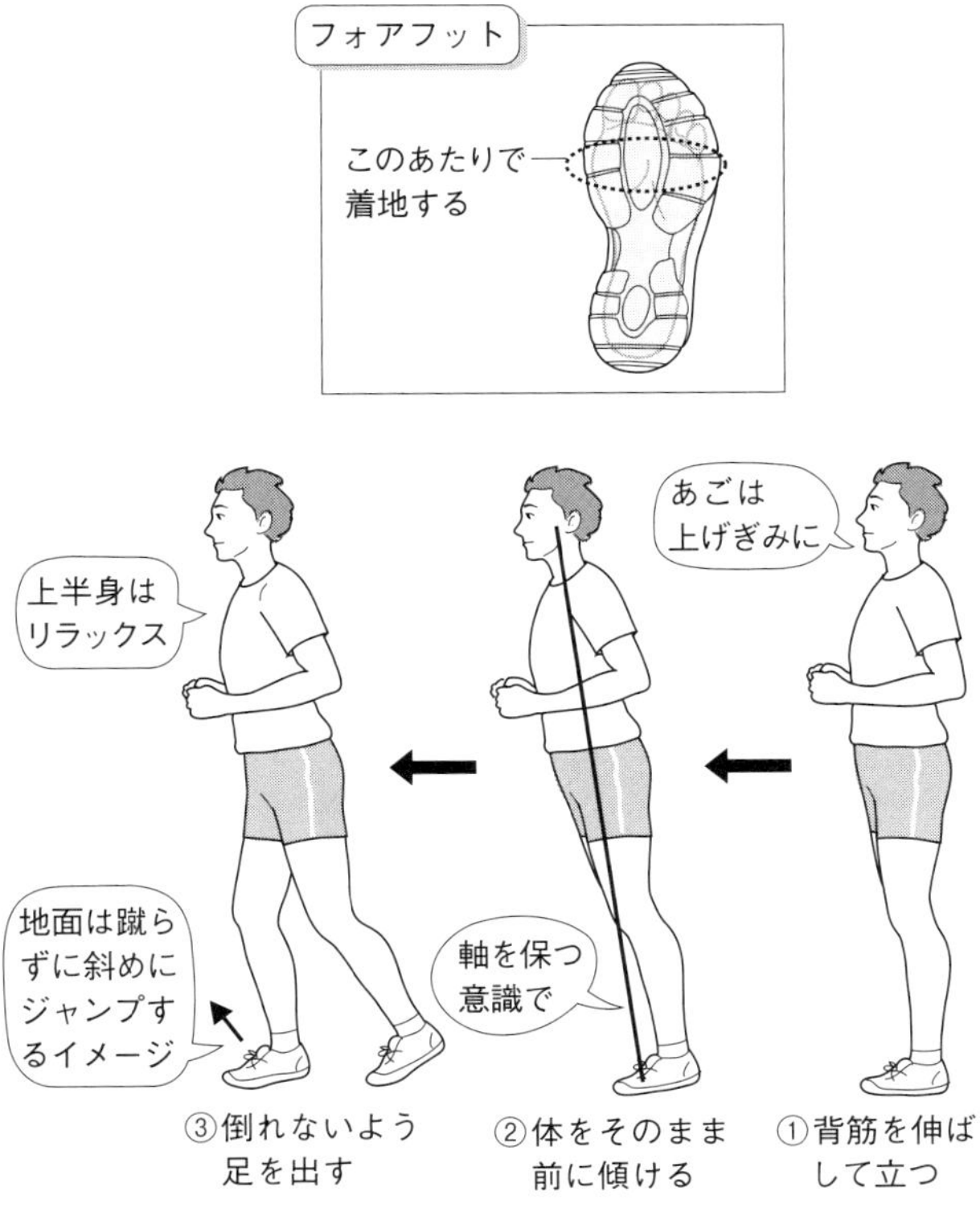

※スロージョギングのポイントを、以下の特設サイトから動画でご覧いただけます。
http://bluebacks.kodansha.co.jp/special/running

そして、頭のてっぺん（頭頂）から足の指の付け根（フォアフット）までを1本の棒のように意識しましょう。これが「軸」となります。軸を保ったまま身体を前方に傾け、倒れないように脚を出す。この繰り返しです。軸を斜めに保ち、片脚ジャンプを繰り返すというイメージを持ってください。着地したら地面を蹴るのではなく、すぐさま斜めにジャンプするのです。そうすると、前に進むための推進力が生まれます。

ただし、必要以上にピョンピョン飛び跳ねないでください。体力の無駄遣いになり、疲れやすくなってしまうので、足がわずかに地面から離れる程度で十分です。スロージョギングは、脚の力に頼らずに、地面からの反発力を利用して前に進んでいく走り方です。脚を出すときは、身体の真下に置くくらいの感覚で走りましょう。

背筋は、少し反らすようなイメージを持ちましょう。肘を60度から90度に曲げ、腕の振りは自然に任せて、上半身はリラックスさせてください。

フォアフット走法のときの足の着地の仕方を図2－6に示しました。基本的にかかとは常に少し浮いた状態ですが、着地がフォアフットからできたのであれば、その後はかかとが地面に着いても構いません。繰り返しますが、決してつま先からの着地ではないので、足指は少し上に反らす感覚を持つと良いでしょう。

フォアフット着地に慣れるには、裸足で走ってみるのが一番です。かかと着地では痛くて走れないでしょう。逆にいえば、私たちはシューズを履くようになってから、かかとで着地しても違和感がなくなってしまい、いつのまにかピッチよりもストライドで稼ぐようになったと考えられるのです。シューズを履いて走るよりも裸足で走るほうが、明らかにピッチが高まります。そして、スピードが速くなればストライドは自然に広くなります。

また、ストライドを伸ばそうとするからか、モデルの歩き方のように一本線の上を走る方がかなりいます。ですが、一直線上を走ろうとすると、身体をひねる必要があるため、余分なエネルギーが必要となります。

さらに、腰が捻転して膝にも負担がかかりやすくなるので、ケガのリスクも高まります。ですので、走るときは平行な2本のレールの上を

図 2-6 フォアフットで走る スロージョギングのコツ②

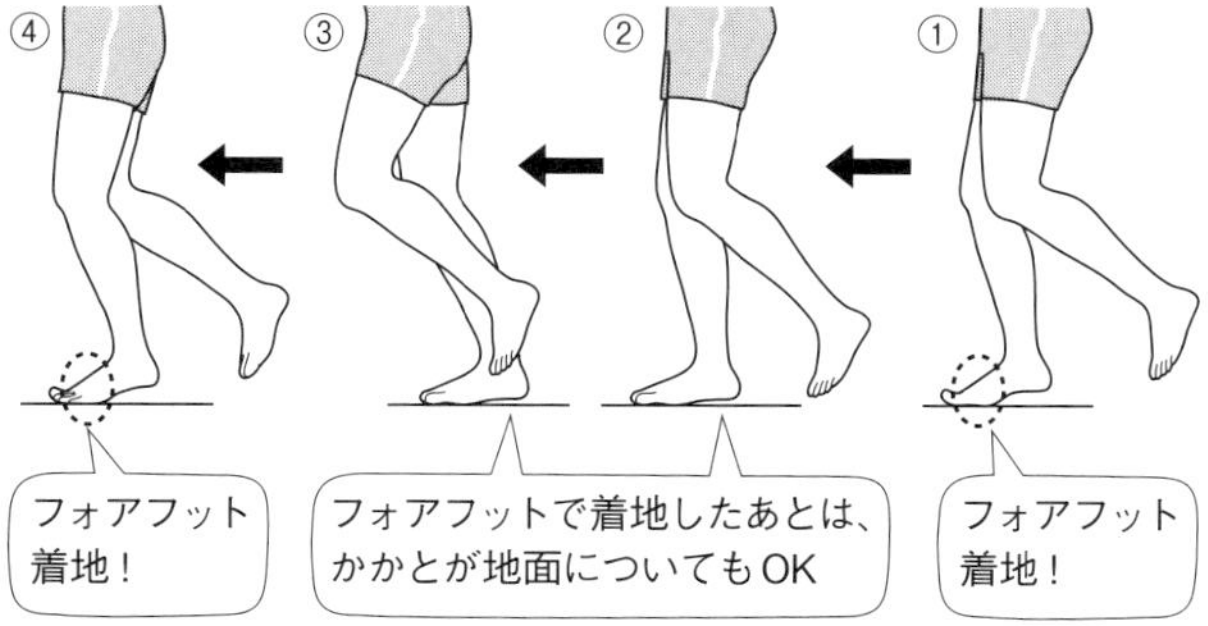

つま先着地にならないように、足指を上に反らすイメージを持つとうまくフォアフット着地ができる。基本的にはかかとは常に浮いた状態だが、フォアフットから着地すれば、そのあと地面にかかとがついても問題ない。

走るように意識して、ピッチを稼ぐほうが効率が良いことになります。

速く走る練習は必要ない

ランニングは片脚ジャンプの繰り返しですから、ジャンプしたときに獲得する位置エネルギーを、うまく前に進む推進力に変換することが大事です。

そのためには先ほどお話しした「軸」をしっかり保ち、フォアフット着地したときに、推進力を得ようと蹴るのではなく、斜め前に跳ねるイメージで、接地時間をなるべく短くします。すなわちストライドを伸ばそうとしないで、ピッチを稼ぐようにします。着地後に「蹴る」のではなく、「押し跳ねる」イメージです。

ランニング中は、速く走りすぎないようにします。マラソンのレースを目指している方は、なんとかタイムを縮めようとペースを上げて走りすぎてしまいますが、速く走る練習をそこまでしなくてもサブスリーランナーになれます。焦らないでください。ランナーにとってもっとも避けたいのは故障ですが、「がんばりペース」や「しかめっ面ペース」（63ページ、表2－1参照）のランニングをしすぎると、膝などを痛める原因になるので逆効果です。

ランナーで多い故障は、膝痛やシンスプリントと呼ばれる下腿の骨膜の炎症、アキレス腱炎です。その原因は、かかと着地、次に走りすぎ、そしてペースが速すぎることです。速く走る練習をしたい方は、最小限にとどめるべきです。

ランニング中の呼吸法

ランニング中、ヒトの呼吸はみごとにオートコントロールされています。どんなに激しい運動でも、呼吸が運動の制限因子になることはありません。運動が激しくなると息が荒くなりますが、換気能力の限界まで達することはありませんから、必要なだけ換気できるのです。

ランニング中は多くの換気を必要としますので、腹式呼吸が主になります。腹式呼吸をしやすくするには、口を開け、背筋を伸ばします。そして、先ほども書いたように、とくにあごは注意してください。多くの方が、走るときはあごを引くことが好ましいと思っていますが、そうすると腹式呼吸がしにくくなります。あごは少々上げるべきです。あとは自然に任せます。

学生時代に、ランニングするときは「2回息を吸って2回吐く」と習った人が多いかもしれませんが、そのように呼吸を意識する必要はまったくありません。

また、走る場所はアスファルトでも土でも、どちらでも構いません。アスファルトは関節を痛めると考えている方も多いですが、フォアフットのソフトランディングであればアスファルトでも衝撃はきわめて少ないので問題ありません。ただ、やわらかい土のほうが地面からの反発力が少ないため、走るときに主要筋群に負荷がかかりますので、トレーニングには適しています。土よりも芝生、さらに砂地で走るとなおさらです。

ランニング前の準備運動はいらない

運動する際は、準備運動が必要と考えがちです。屈伸などストレッチを入念にしてから走り出す人が多いのではないでしょうか。たしかにハードな運動をするときは、したほうがよいでしょう。

しかし、通勤で会社まで歩くときに準備運動をする方がいるでしょうか？　にこにこペースのスロージョギングは、歩くことの延長です。日常的な動きとほとんど変わらないのです。ですから、そのための準備運動は必要ないと断言できますし、時間がもったいないとすら考えます。

もっとも、準備運動をして悪いことはありません。ただし、走る前のストレッチはすすめませ

ん。筋肉を伸ばす運動をすることで収縮力が低下し、走るときのバネの役割が弱まってしまうのです。整理運動ならばＯＫです。

ランニングウエアは、動きやすければ、ありあわせのもので構いません。寒い時期のランニングであっても、摂氏５度以上であれば、アウターや、手袋、ネックウォーマーなどの防寒着は必要ありません。走り出せば身体はすぐ温まります。摂氏５度未満なら、それらの防寒着の着用をおすすめします。

しかし、走りやすい服装に越したことはありません。最近は保温性の高いアンダーウエアやランニングウエアが開発されていますので、そんなに厚着をしないですみます。せめて手袋を準備すればそれで事足りるでしょう。

逆に、走り続けて汗をかくと、冬は走り終わったあとに身体が冷えるので、乾きにくい綿素材よりも、速乾性のある化学繊維のもののほうがよいかもしれません。

暑い夏は、頑張りすぎると熱中症のリスクがありますので要注意です。涼しい朝や夕方に走ることをおすすめします。また梅雨から初夏にかけては、暑さに慣れるために、日中に５～10分程度の短時間のランニングをすることから始めてください。１～２週間続けると身体が慣れてきて、熱中症にかかりにくくなります。

ただし、とくに寒い冬、暑い夏は、無理して外を走らなくてもトレーニングは可能です。後述する快適な室内でのスロージョギング&ターン（177ページ参照）もおすすめです。

初心者用の厚い底のシューズに注意

ランニングの靴も、ありあわせで構いません。しかし、できれば靴底が薄く、軽いものを選んでください。スポーツショップに行くと、初心者用のものとしてはかかとの厚いランニングシューズをすすめられるかもしれません。ですが、新しく買うのであれば、ランニング初心者、上級者にかかわらず、靴底が薄いものがいいでしょう。

もしかかとが厚いシューズしかない場合は、気をつけてください。そのような靴はかかとが高く、フォアフット部分（足の指の付け根あたり）は薄いので、つま先立ちになりやすいのです。フォアフット走法は、つま先立ちではありません。つま先立ちで走るとふくらはぎ（下腿三頭筋）に負担がかかってしまいます。

理想的なのは、地下足袋のような靴底が薄いシューズです。つまり、裸足感覚で走れるシューズです。さらに足指が窮屈にならず、広げることのできるワイドな幅のものがよいでしょう。もちろん指の付け根で着地するのですから、足の指を反らすことができるように底が柔らかな構造

でなければいけません。

私たちは、大正時代に地下足袋を開発し、特許を取っているアサヒコーポレーションと、地下足袋風のスロージョギング用のシューズを共同開発しています。それと同じコンセプトで作った通勤にも使えるシューズもあり、主なデパートで購入できます。ですがこれに限らず、底の薄いランニングシューズも、最近は種類が増えています。

ただし、ランニングシューズの役目は、衝撃を吸収することではなく、砂利道などでも足の裏が痛くならないように保護することです。ですので、底が薄くてフォアフット着地がきちんとできるもので、自分の足に合ったものであれば何でも構いません。履いたときに、かかとから足の横側にかけてはぴったりフィットするものがよいでしょう。つま先の部分は、余裕があって指が自由に動くものを選ぶべきです。少し指先が余るくらいでないと踏ん張れませんし、シューズのひもをしっかり締めれば、ずれることはありません。

また、シューズの買い替え時期の目安が走行距離で提示されていたりすることもありますが、そうした細かいことも本来は気にする必要はないと私は思っています。

第3章

ランニングとダイエット

ランニングで効率よく痩せる、痩せて効率よく走る

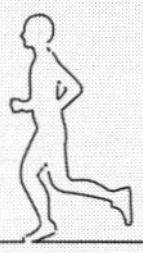

ラクに痩せるには、スロージョギングは最適な運動です。減量すれば確実に速く走れるようになるので、健康目的の方だけでなく、レースのタイムが伸び悩んでいる方にとっても、ダイエットの知識は大切です。どうすれば、より効率よく痩せられるのでしょうか？

痩せるために走るのか、速く走るために痩せるのか。目的が人によって異なるかもしれませんが、いずれにせよ、ランニングと「痩せる」ことは、切っても切り離せません。

「体重を落としてからランニングをしたほうがいいですか？」と訊かれることも多いのですが、それも一つの方法です。食事制限をして体重が軽くなれば、走るのがとてもラクになります。しかし体重を落とすためには、食事制限とランニングを併用することがもっとも効率的です。

走ろうと決心したならば、食事制限だけでなく、ランニングも始めてしまったほうがいいでしょう。スロージョギングは、効率よくラクに痩せられるよい手段だからです。

本章では、走って減量するための知識と方法をご紹介していきます。

マラソンランナーは痩せている

実際、マラソンランナーは、みなスリムです。たとえばフルマラソンタイムの日本最高記録を持つ高岡寿成《としなり》選手は１８６cmと長身ですが、現役時代、体重はわずか58kgしかありませんでした。ランニングはエネルギー消費量の多い運動ですから、トレーニングを積むと自然に体重は軽くなります。また当然ですが、軽いほうがずっとラクに走れますし、断然速く走れます。重い荷

物を積んだ車から荷物を下ろせば、同じアクセルの踏み方で速く走れることと同じです。

私自身は46歳のとき、メタボ脱却のため走り出しましたが、目標は10kg減で、若いころの体重に戻すことでした。そこで、もし10kg減量した場合にどれだけ速く走れるかを推定してみたところ、驚きました。なんと、18歳のころの記録で走れるということがわかったのです。

中年での体力の衰えをヒシヒシと感じていたのですが、それは単に体重が重くなったにすぎないことになります。がぜん、やる気になりました。こうしてランニングを始めて、3ヵ月ちょっとで減量目標を達成。そして、推定どおりに、18歳当時の記録で5000mを走ることができました。

つまり、ランニングをすれば痩せることができて、痩せることができれば速く走ることができるわけです。減量でどれだけ速く走れるようになるかの推定法については、少し計算が必要なので、章末に表記します（113ページからの「章末付録」参照）。スリム化がいかにタイム短縮に貢献できるかおわかりいただけるでしょう。

ところでダイエットとは、本来「食事をコントロールする」との意味ですが、日本では減量を意味するように使われることも多いです。そこでここでは、「痩せる」＝「ダイエット」という意味で使うことにします。

痩せるための大前提

軽量化、つまり痩せるためには、エネルギーの出納バランスを負にする必要があります。摂取エネルギーが、消費エネルギーより少なくなればいいということです。そのためには、どれだけの運動をしたらよいのでしょうか?

エネルギーの出納バランスは、エネルギー摂取と消費の関係で決まるので一概にはいえませんが、内臓脂肪の減少と運動量の関係を調べた研究があります（大河原一憲ら／２００７年）。それによると、内臓脂肪の減少を期待するには、少なくとも1週間に10メッツ・時以上、できれば30メッツ・時以上の運動を目指す必要があるといえそうです。

「メッツ（METs）」とは、運動の強さを表すために国際的に使われている単位です。運動時のエネルギー消費量が安静時のエネルギー消費量の何倍になるかという単位で、たとえば3メッツは安静時の3倍のエネルギー消費量になります。３メッツから6メッツを中等度強度運動、７メッツ以上を高強度運動としています。

表３－１は、日常の活動や運動がどの程度のメッツに対応するかを示しています。

表3-1 さまざまな運動のメッツ強度

メッツ	活動内容の一例
3	エアロバイク(50W程度の負荷)、ボーリング、フリスビー、バレーボール
3.5	室内での軽めの体操、ゴルフ(カートを利用)
3.8	平地をやや速足で歩く(94m/分くらい)
4	平地を速足で歩く(95〜100m/分くらい)、卓球、太極拳
4.5	バドミントン、ゴルフ(カートを使わず自分でクラブを運ぶ)
4.8	ダンス(バレエ、ジャズダンス、タップダンスなど)
5	野球、ソフトボール、ドッジボール
6	バスケットボール、ジョギングとウォーキングの組み合わせ、高強度のウェイトトレーニング(リフティングなど)
6.5	エアロビクス
7	ジョギング、サッカー、テニス、水泳(背泳ぎ)、スケート、スキー
7.5	山登り(1〜2kgの荷物を背負って登った場合)
8	サイクリング(20km/時くらい)、ランニング(134m/分くらい)、水泳(クロール)
10	ランニング(161m/分くらい)、柔道、空手、キックボクシング、ラグビー、水泳(平泳ぎ)
11	水泳(バタフライ/速いクロール)
15	走って階段を上がる

メッツは、運動の強さを示すために国際的に使われている単位。その運動時のエネルギー消費量が、安静時のエネルギー消費量の何倍になるかを示している。歩行速度のスロージョギングは、4〜6メッツに相当する。

(「健康づくりのための運動基準2006」より改変)

「メッツ・時」とは、身体活動の量を示す単位で、身体活動の強度（メッツ）に身体活動の継続時間（時）をかけたものです。内臓脂肪を減らすために1週間に30メッツ・時の運動を目標とするなら、たとえば6メッツ強度の運動を週にトータル5時間以上おこなう必要があります。

5メッツの運動を週に6時間以上でも、7・5メッツの運動を週に4時間以上でもよいわけです。厳密に6メッツと考えないでも、基本的には3～6メッツ強度の運動を週にトータル6時間以上おこなうつもりでいいでしょう。あとで詳しくお話ししますが、1回の運動の継続時間は数分でも構いません。とにかくこまめに運動し、大まかに考えて1日トータルで1時間以上の運動時間を確保してください。

ベストなダイエット法はどれか？

ダイエットのために筋トレをする方もいるでしょう。表3－1を見るとわかるように、筋トレの運動強度は重いバーベルを持ち上げる運動で6メッツです。

トレーニングジムに行って筋トレをしたとしましょう。実際に筋トレを実施する運動時間（たとえばバーベルを持ち上げている時間）はどのぐらいになるでしょうか？　ジムに1時間いても

せいぜい10分程度ではないでしょうか。これは1メッツ・時に過ぎません。じつは、ぶらぶら歩き20分と変わらないのです。

ここ最近、テレビで宣伝しているパーソナルトレーニングによるダイエットプログラムが好評のようですが、内容は、かなり厳しい食事制限と筋トレを組み合わせたものです。筋トレのエネルギー消費量はわずかですから、それだけで痩せるわけではなく、ハードな食事制限が必要となるようです。このプログラムでの筋トレは、筋肉量の低下を防ぐ狙いがあると思われます。

筋トレをすれば、筋肉がついて基礎代謝が上がると考える方もいるかもしれません。基礎代謝は何もせずにじっとしていても、生命活動を維持するために使われるエネルギーのことですが、たしかに筋肉量が増えれば基礎代謝は上がります。ですが、あまりにわずかな量で、体重を減らすほどエネルギー消費量が増えるわけではありません。

また、痩せるためにはエネルギーの出納バランスを負にすればよいので、食事を控えるダイエット法でも体重を落とすことはできますが、残念ながら筋肉量が減ってしまうというデメリットがあります。一方ランニングは、走ることで自然に筋肉も鍛えられていきます。

こうして他のダイエット法と比較すると、ランニングは健康的に痩せられますし、厳しい食事制限も必要とせずに大きなダイエット効果が得られ、メリットがとても多いのです。

運動の消費カロリーを簡単に計算する方法

ところで、「メッツ・時」に体重をかけると、簡単に消費カロリーに換算できます。

たとえば体重60kgの方が5メッツの運動を1時間、週に6回で「30メッツ・時」の運動をしたとしましょう。運動1回あたりの消費カロリーを考えると300kcal（5メッツ×60kg）消費したことになります。ただし、安静にしていても体重60kgの人なら1時間で約60kcal消費しますので、それを引くと、運動だけで正味240kcalを消費したことになります。

つまり、**〈（メッツ強度ー1メッツ）×体重〉**でエネルギー消費量がたやすく推定できます。

体脂肪1kgを減らすためには、7200kcalのエネルギー消費が必要ですが、この運動を続ければ週にトータル1440kcalを消費することになります。よって、エネルギー摂取量が運動を始める前と同じレベルでキープできれば、5週間でおよそ体重1kgを減少させることができます。腹囲はだいたい1cmくらいは減るでしょう。

1日1万歩で痩せられるか？

内臓脂肪を減少させるには、週に30メッツ・時以上の運動を目指す必要があるとお話ししました。それでは、仮にウォーキングで、1週間に30メッツ・時の運動量を確保するには、どの程度歩いたらいいのでしょうか？

表3－1より、時速6kmの速歩が4メッツですので、それを1時間おこなえば4メッツ・時です。毎日続けると週に28メッツ・時となり、内臓脂肪の顕著な減少が期待できる運動量に近づきます。さらに食事制限が併用されれば、より高い効果が期待できます。

1日1万歩を目標にされる方も多いようですが、痩せるための運動量はこれで十分でしょうか？ ウォーキングで毎日4メッツ・時おこなう場合を考えてみましょう。

歩幅を80cmとすると、4メッツ・時の運動はおよそ7500歩になります。誤解されやすいのですが、1日7500歩で十分なのではなく、普段の生活の歩数に7500歩プラスした歩数が目標になります。したがって、普段3000歩しか歩いていない方々には、1万歩はちょうど良い目安です。しかし日本人の平均は、1日6000～7000歩ですので、一般的にいえば1万歩ではなく、1日に1万3500〜1万4500歩を目指す必要があります。

ウォーキングの2倍のカロリーを簡単に消費する

それでは、走ることで痩せるためには、どうすれば良いでしょうか。メッツ強度を示した表3－1（93ページ）を見ると、ジョギングは7メッツに分類されています。一般的に、時速7km以上で走ることをジョギング、時速10km以上で走ることをランニングといい、どちらも高強度運動に該当します。

しかし、先ほど紹介したスロージョギングはここには当てはまらず、よりゆっくり走るので、中等度強度運動に分類されます。歩く速さのスロージョギングの運動強度は、4〜6メッツ程度です。

第1章でお話ししたように、よほど急ぎ足で歩かない限り、歩くときのエネルギー消費量は歩行距離に依存し、体重1kgあたり1kmにつきおよそ0.5kcalです（39ページ、図1－3参照）。たとえば、体重70kgの人が5km歩いたときはおよそ175kcalとなります。

しかしランニングの場合のエネルギー消費量は、同じ図1－3で示したとおり、スピードにま

ったく関係なく体重1kgあたり1kmにつきおよそ1kcalです。同じ5kmをウォーキングではなくスロージョギングで走れば、なんとウォーキングの倍の350kcalを消費できるわけです。

ランニングが大嫌いという方に、スロージョギングの方法を実体験してもらったあと、「歩くときよりおよそ2倍のエネルギーを消費できる」と説明すると、ほぼ間違いなく走ることが好きになります。同じ距離を歩行速度で走ればエネルギー消費量がほぼ倍、しかも運動のキツさは変わらないのです。

まとまった時間が取れないときは、こまめに分けて走ってもよいのです。1日トータル3～5km走れれば十分な運動量になります。ウォーキングに比べて、いかに有効であるかおわかりいただけると思います。

ウォーキングだけでは痩せにくい

ウォーキングをしている方から、「毎日1時間歩いているのに、少しも痩せません。どうしたらよいのでしょうか?」との質問を受けました。こうした質問はよくありますので、「運動後におまんじゅうなど甘いものを食べていませんか?」と逆に質問しますと、「はい」との返事がか

えってきました。それでは痩せなくて当然です。

1時間で歩ける距離は4～5㎞です。もし体重70㎏の人がその距離を歩いたとすると、140～180kcalの消費にすぎません。先ほども書いたように、体脂肪1㎏に相当するエネルギーは7200kcalです。毎日歩いて、それまでどおりの食事量を続けると、1ヵ月で0・6～0・8㎏程度の減量になりますが、もし、ウォーキングのあとに毎回大福一つ（およそ240kcal）を余分に食べてしまうと、逆に太ってしまいます。よほど意識して食事制限しないと、脂肪は落ちません。

一方、同じ距離をスロージョギングにすると、280～350kcalを消費し、1ヵ月で1・2～1・5㎏と、歩く場合の倍の減量効果が期待できます。

歩く速さでのスロージョギングを、トータル1時間続けたとしましょう。走る習慣が身につくと、いつの間にか走る速度が上がっていきますので、同じ時間で走れる距離が6㎞、7㎞と次第に伸びていきます。すると1ヵ月で1・8～2㎏と、さらに大きな減量効果が得られます。

つまり、毎日およそ1時間のランニングをして、食べすぎなければ、確実に痩せていきます。

運動量と食欲は比例する？

ところで、野生動物には肥満はいませんし、また極端に痩せた動物もいません。実験で動物に1時間以上運動させる場合、運動時間に比例して食餌摂取量が増え、体重が一定に保たれることが研究から明らかになっています（アメリカのメイヤーら／1954年）。この結果は、その後の研究でヒトでもあてはまることが示されています。

簡単にご紹介しましょう。活動量の異なる職業に従事する人の食事摂取量と体重の関係を調べたところ、あるレベル以上の活動であれば、活動量と食事摂取量が相関するけれど、体重は変わらないことが明らかになったのです（図3-1）。この結果から、身体は一定の体重を維持しようとして、運動量に応じて食欲を調整すると考えられます。

またこの研究では、ある活動量以下では、活動量が低ければ低いほど消費エネルギーに対する食事摂取量が多く、体重が重いことが明らかになっています。図3-1でいうと、グラフのいちばん左の座業の人々がそれに相当します。これは、あるレベル以下の活動では、消費エネルギーよりも食欲が勝って太ってしまうからと考えられるのです。

結論として、ヒトは運動すればするほど食欲が増しますが、一定量の運動をしていれば食欲に応じて食べていても体重増とはなりにくい、というわけです。

図 3-1 身体活動量とエネルギー摂取量、体重の関係

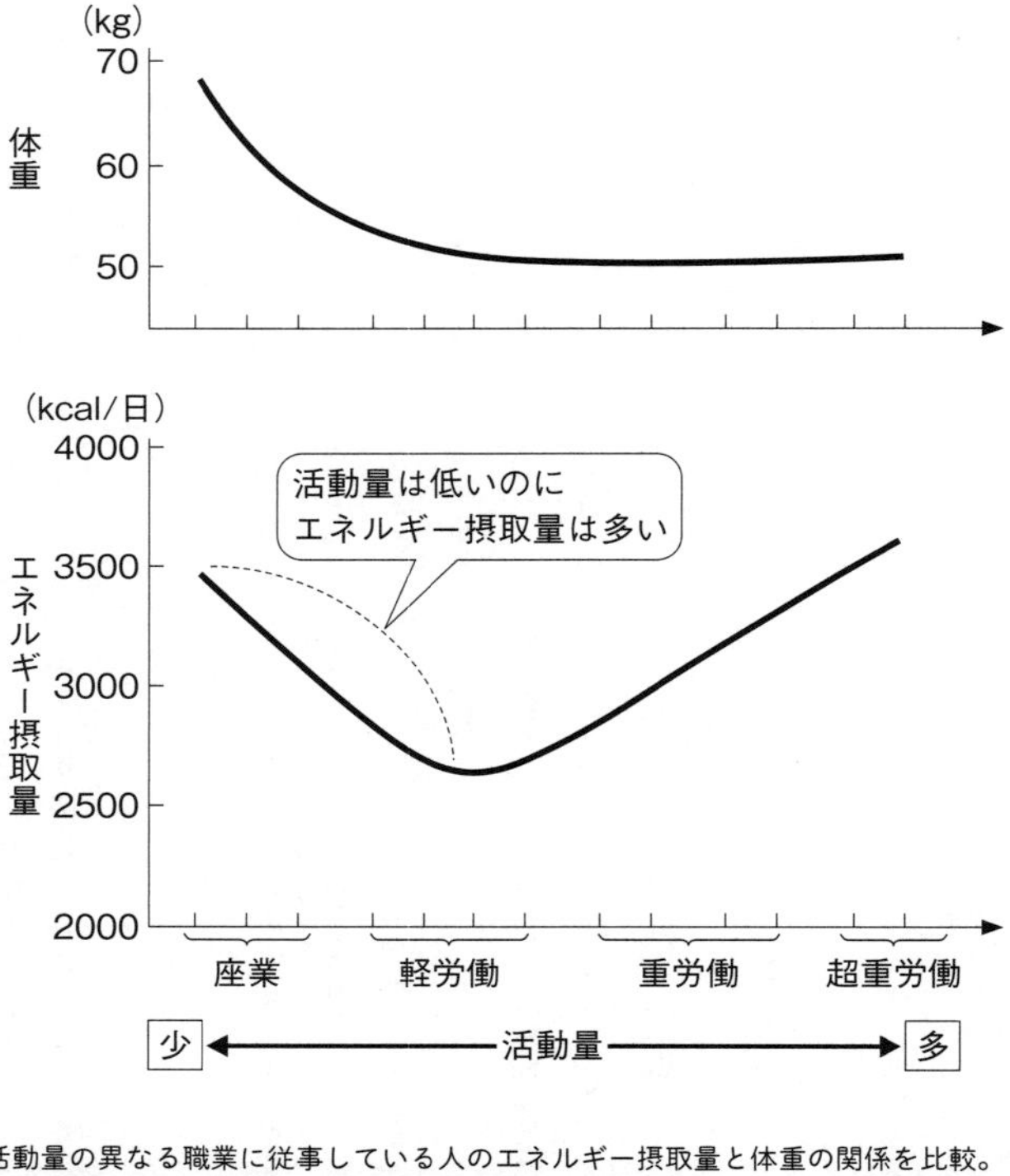

活動量の異なる職業に従事している人のエネルギー摂取量と体重の関係を比較。軽労働以上では、活動量とエネルギー摂取量が相関しているが、体重は変わらない。だが、活動量の低い座業では、消費エネルギーは低いがエネルギー摂取量も多く、体重も重い傾向にあった。
(Mayer, J et al., *Am J Clin Nutr*. 4:169-175, 1956より改変)

ストレスを溜めずに確実に痩せる
シンプルな方法

では、いったいどうすれば痩せられるか？　この答えは非常にシンプルです。食欲が増しても食事の量を抑制すればいい、ということに尽きます。運動して食事を腹八分目に抑えれば、必ず痩せます。

朝、昼の食事を３００kcal以内におさめ、夕食は平常どおり。そして体重によって異なりますが、70kgの人が１日トータルで５km前後走れたとしましょう。１日の食事摂取量が２０００kcalとして、食事制限でおよそマイナス４００kcal、スロージョギングで３５０kcal消費できます。トータル７００〜７５０kcal減、体脂肪１kgあたりは７２００kcalですので、およそ10日で１kgの減量ができます。

食事をセーブする方法ですが、一般的には、夜遅く食べるとその後体内にエネルギーが備蓄されるので、夕食を控えましょうといわれています。しかし、よっぽど意志の強い人でない限り、夕食を控えるダイエットは長続きしません。痩せるためには我慢すればいいのですが、それが簡単にいかないのが、ダイエットの難しいところです。

そもそも人々が3食を食べられるようになったのは、江戸の末期からだといいます。戦国時代までは1日1食しかまともに食べられなかったそうです。農家の方は、その1食をいつ食べたでしょうか？　仕事が終わった夜に違いありません。まして人類でもっとも長く続いた狩猟採集時代であれば、獲物を捕まえるのに歩きまわったあとの晩餐だったのではないでしょうか。実際に試してみると実感しますが、人間は朝と昼を控えることはそんなに苦なくできます。

しかも、5章でお話しするように、空腹で走るとトレーニング効果が高いことが明らかになりました。ですから、朝と昼の食事を控え、夕食はご褒美。いつものように一杯飲んで、食を楽しめばよいのです。

あまり厳しくダイエットをしようとすると、ストレスも溜まりますし、長続きしません。私は、毎晩、ビールやワインを飲みながら食事をするのが楽しみなので、それは絶対にやめたくありません。そこで朝食と昼食を減らして「腹五分目」にし、夜はいつもどおりに楽しむというダイエットを続けています。スロージョギングを1日トータル6～7㎞おこない、3ヵ月で10㎏減量し、その体重を維持しました。最近では、さらに5㎏減ったほどです。

具体的には、朝に2枚食べていたパンを1枚にしてバターを塗るのをやめ、昼は定食を食べるなら主食を半分にしています。夜は、いつもどおりに食べ、宴会の誘いも断りません。もし夜に食べ過ぎてしまったなという日は、翌日に走る量を増やしたり、朝食をごく軽めにするなどして調整すればよいのです。

章末のコラムに記しましたが、こうしたダイエットを体験してもらうヘルスツーリズムを展開していて、参加した人は、みんな成功しています。

リバウンドを防ぐための心得

医師向けの講演会などで、メタボリックシンドローム解消の運動療法についてお話しする機会が多くあるのですが、あるとき医師から次のような質問を受けました。

「私は留学中に10kg太ってしまい、帰国後10kg痩せたのですが、また太ってしまい、再度減量しました。しかし、また太ってしまったのです。減量法はわかるのですが、リバウンドが防げないのです。どうすればいいでしょう？」とのことでした。ダイエットに一度は成功しても、多くの人はリバウンドをして元の体重に戻ってしまいます。

そこで私は「先生はどうしたら防げると思いますか？」と逆に質問しました。それに対しては「運動して、食事制限を続ければ良いのですが、それがなかなかできなくて……」とのことです。

私は「運動して食事制限も徹底していたら、骨と皮と筋肉ばかりの〝骨皮筋右衛門〟になって

しまいます。最適な方法とはいえません。アメリカ・ハーバード大学の栄養学者ジーン・メイヤーの研究を参考にすると、1時間以上の運動ができたら食欲のままに食べる、もし運動できなければ、食事を腹七～八分目に控えることです」と伝えました。私はこれに尽きると思っています。

一度体重を落とせたら、さらに痩せようと頑張りすぎてしまう人が多いですが、それでは長続きせず、結局リバウンドしてしまいます。スロージョギングであれば、1日トータル5km以上走れれば、夕食は食欲に任せて摂取して構いません。ストレスを溜めずに続けられる方法を見つけることも、ダイエット成功の大きな秘訣です。先にお話ししたように、私自身がメタボを解消してから20余年、この方法でリバウンドがありません。

「20分以上運動しないと脂肪が燃えない」はウソ

「20分以上運動しないと脂肪が燃えない」という俗説がまことしやかに語られます。だから短い時間の運動は減量効果がない、と考えている人も多いですが、この説の科学的根拠はまったくありません。

いったい、この俗説は何を根拠にしているのでしょうか？　たしかに、かなり強い運動を1時

間続けると、運動開始後しばらくは体内に貯蓄されている糖質が分解されてエネルギーとなり、脂肪がエネルギー源として使われるのは20分ほど経ってからです。ですから「20分以上運動しないと脂肪が燃えない」という説は、「早朝空腹時にかなり強い運動をした場合」という枕詞が必要です。

なぜかといいますと、軽い運動のときは脂肪もエネルギー源となるのですが、運動強度が高くなると瞬間的にエネルギーを生み出す糖が主流になるからです。体内に備蓄できる糖の量には限りがありますので、20分ぐらい強い運動を続けていると体内の糖がかなり消耗し、次第に脂肪がエネルギーとして使われるようになるのです。

運動時のエネルギーの使われ方については、4章でも詳しく解説しますが、たとえば、朝起きて朝食をとる前に運動すれば、軽運動であるかぎり、はじめから大半のエネルギーが脂肪で賄われます。一方、食後に運動すれば20分経っても脂肪の燃え方はわずかなのです。

そもそも、運動時に脂肪の燃える量が多ければ多いほど肥満解消に有効である、という考え方もおかしいのです。少なくとも私たちの身体は、熱力学の第一法則、いわゆるエネルギー保存の法則に従うはずです。つまり、エネルギー源が糖であろうが脂肪であろうがエネルギーに変わりはありません。体内に備蓄されたエネルギー、つまり脂肪を落とすには、摂取と消費のバランスを負にすることに尽きます。

糖は体重1kgあたり１０００kcalしか体内に貯蔵できません。それに対し、脂肪なら約7倍の７２００kcalも貯蔵できます。とはいえ、脂肪が燃えても糖を消費しても、エネルギー消費量に変わりはないので、脂肪が燃えれば燃えるほど肥満解消に有効であるとは限りません。こまめに運動しても、確実に脂肪は減少します。ただし、食欲に任せて食べ過ぎなければ、です。

1分の細切れ運動でOK

このようにエネルギー保存則から考えれば、たとえ1分の短時間の運動でも痩せるはずです。

そこで東京のサラリーマンに協力してもらい、ちょっとした実験をおこなってみました。池袋にオフィスを構える会社を中心に、痩せ願望のある30名の参加者を募りました。そして、１８０bpm（1分間に１８０ビートを刻む）のテンポで流れる曲が1分、１２２bpmのテンポで流れる曲が30秒、これを1セットとして、40セットが繰り返されるCDを作成し、皆さんにお渡ししました。このCDの曲のテンポに合わせてスロージョギングをしてもらう、というダイエットの実験です。１８０bpmは走るテンポ、１２２bpmは歩くテンポです。

たとえば通勤時、昼休み、可能ならば勤務中も、とにかく細切れでよいので、この曲のテンポ

に合わせて、できれば1日トータルで40セット分のスロージョギングをしてほしいとお願いしました。実験を始める前には、2章でお話ししたようなスロージョギングの方法を説明し、ちょっぴり食事制限したほうが好ましいことも簡単にお伝えしました。

実験を始めたのは2月で、3～4月の歓送迎会の時期と重なってしまったのですが、3ヵ月後、全員が減量に成功しました。全員が毎日40セットのスロージョギングができたわけではありませんが、平均して2・9kgの減量でした。ほぼ毎日おこなえた方の中には、7kgの減量に成功した方もいます。

こまめな運動で減量できるということを体感してもらえる結果となりました。

ダイエットにスロージョギングをすすめる理由は、なんといっても手軽に、いつでもどこでもできるからです。1分間のスロージョギングならば、ちょっとした隙間時間にもできます。細切れでも1日40セットを走れれば、およそ300kcal消費できてしまいます。

減量すれば、速く走れる

本章の冒頭でも書いたように、減量することは、レースを目指すランナーにとっても大きな意

義があります。ランニングの記録は仕事量とパワーで決まります。筋肉量を落とさず体脂肪を落とすことができれば、同じランニング距離でなされる仕事量がそれだけ減ることになります。つまり、筋パワーが変わらなければ、必ず速く走れるというわけです。

つい先日も、ある市民ランナーがマラソンレース1週間前から3日間で1・5kg減量し、目標記録を10分以上短縮でき、大よろこびでした。

実際に、減量することでどれだけマラソンのタイムを短縮することができるのか、その推定方法は、113ページからの章末付録を参考にしてください。生理学的な推定法と物理学的な推定法2つの計算方法が考えられます。実際に自分の体重やマラソンのタイムを入れて計算してみると、体重が減ることでどれくらい速く走れるようになるか、実感できるでしょう。

コラム1 減量のための「ヘルスツーリズム」

私たちは現在、減量目的の「ヘルスツーリズム」の研究をしています。沖縄で7泊8日のスケジュールで、旅行している間にダイエットをしようというプログラムです。

1分のスロージョギングをしたあとに30秒のウォーキングをおこなう、ということを1セットとして、朝、昼、夕方に、それぞれ40セット繰り返すことが、このプログラムのメインイベントです。このほか、午前、午後、夕食後にレジャースポーツ、観光（歩行）、琉球舞踊などを楽しみ、おいしいダイエット食で短期に体脂肪を落とすことを目的としています。

このスケジュールで、参加者は平均2・3kgの体脂肪減に成功しました。血圧、血糖値、中性脂肪も下がり、良いコレステロールであるHDLコレステロールが顕著に上昇するという結果で、いいことずくめです。

わずか1週間でこれだけの効果があがるのは、なんといっても運動量の多さが理由です。参加者の半数はふだん運動習慣のない中高齢者で、1週間の運動量はプロのサッカー選手や長距離選手の運動量にも勝りました。プログラム終了後にアンケートを取ると、その満足度は86・8％にものぼりました。満足してもらえた要因は、スロージョギングだからラクにおこなえることと、食事内容の工夫（朝食と昼食を軽く、夕食は豪華で飲酒も可）にあります。

サブスリーを達成した市民ランナーも参加しましたが、この間に2kgの体脂肪を落とすことができ、乳酸閾値が上昇しました。マラソンタイムに換算すると8分も短縮できるとの予想です。短い期間でこれだけ体脂肪を落とすことができるので、一流選手にも活用してもらい、妥当性を検討したいと思っています。

本章で紹介したように、マラソンを走りきれる平均走パワーが変わらないことを前提にすると、減量して「軽量車体」になれば、体重の減少率の分だけ速く走れるわけです。
実際にどれほど速く走れるようになるのか、２つの推定方法をご紹介しましょう。自分の体重とマラソンのタイムを当てはめて、計算してみてください。

すなわち、42.195km の道のりを酸素摂取量23.5（mL/kg/ 分）で走るとすると、70kg の身体全体で、以下の量の酸素を使って得られるエネルギーを出し続けることができたということになります。

23.5(mL/kg/分)×70(kg)= 1,645(mL/分)

この能力が変わることなく体脂肪を10kg 落とすことができれば、

1,645(mL/分)÷60(kg) ≒ 27.4(mL/kg/分)

つまり、体重１kg あたり1分間に27.4mL の酸素を使って得られるエネルギーを出し続けることができることになります。

この値を、最初の〔a〕に当てはめて計算すると、60kg になったときのマラソンの平均速度〈x〉が求められます。

x = { 27.4(mL/kg/分) − 3.5(mL/kg/分)} ÷ 0.2 = 119.5(m/分)
42,195(m) ÷ 119.5(m/分) ≒ 353(分)

つまり、Ａ君が10kg 痩せて60kg になったときのフルマラソンの推定タイムは５時間53分。じつに1時間７分も短縮できることになります。

章末付録

マラソンタイム推定法 ｜ 減量でどれだけ速く走れるようになるか？

1）生理学的な推定法

ランニング速度を x（m/分）とし、体重あたりの酸素摂取量を y（mL/kg/分）としたとき、この2つの数値の間には、以下の［a］の関係が成り立つことがわかっています。

$$y = 0.2x + 3.5 \quad \cdots\cdots \text{[a]}$$

ここで酸素摂取量とは、1分間に体重1kgあたりに必要とする酸素量のことです。

さて、少し肥満気味のA君（体重70kg）の初マラソンの記録が、7時間だったとしましょう。もし10kgの脂肪を落とすことができて、体重が60kgであったなら、どれだけ記録がのびるのでしょうか？　これを計算で求めてみましょう。

まず、A君のマラソンの平均速度〈x〉は、以下のように計算できます。

$$x = 42.195(\text{km}) \div 7(\text{時間})$$
$$= 42{,}195(\text{m}) \div 420(\text{分}) \fallingdotseq 100(\text{m/分})$$

この結果を［a］の式に当てはめると、酸素摂取量が計算できます。

$$y = 0.2 \times 100(\text{m/分}) + 3.5 = 23.5(\text{mL/kg/分})$$

図
3-2

身体の重さと運動継続時間の関係

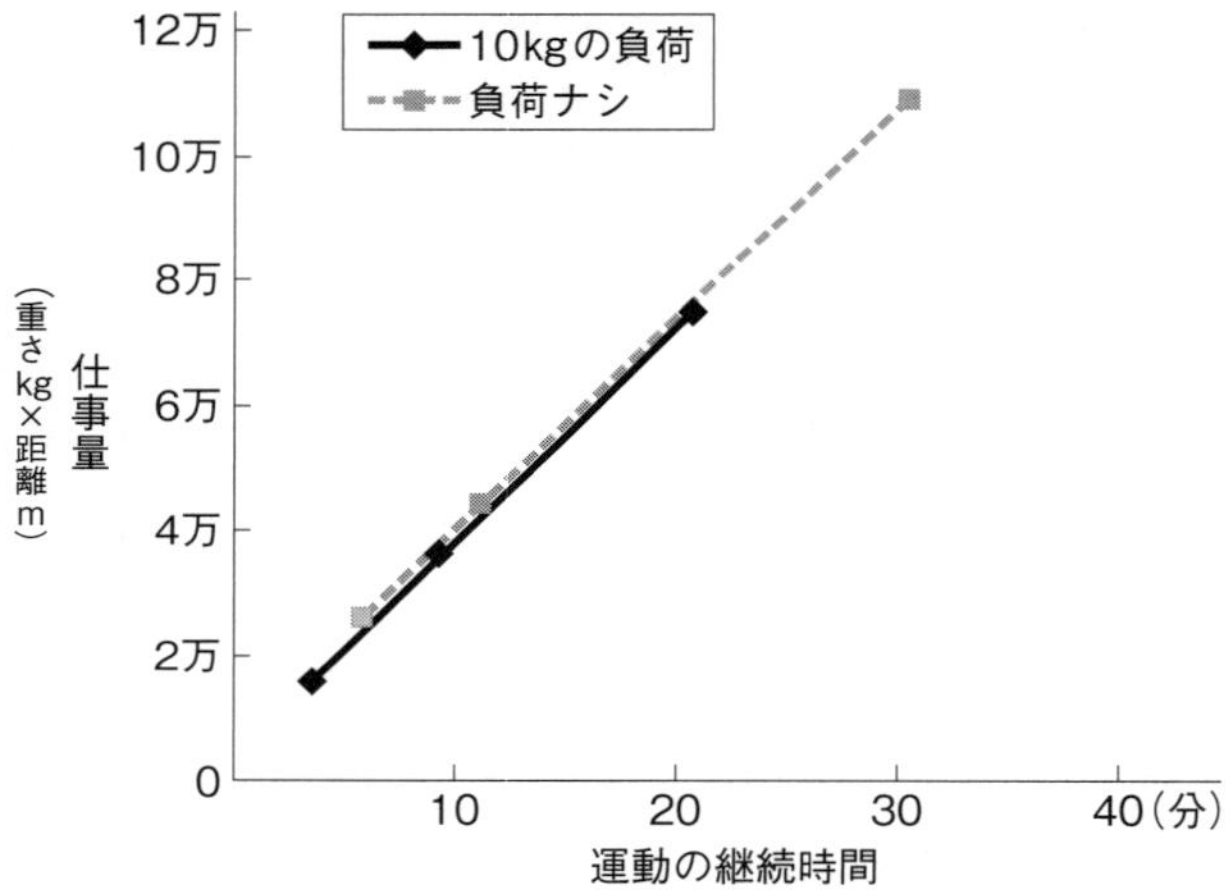

10kgの負荷をつけたときとつけていないとき、それぞれ3つのスピードで走った際のランニング継続時間を測定。縦軸の「重さ」は、体重または〈体重+負荷重量〉を示す。 (福岡大学資料より改変)

ここで、もし体重が10kg減ったとすれば、フルマラソンの仕事量は以下のとおり、少なくなります。

60(kg)×42,195(m)=2,531,700(kgm)

この仕事量を、A君のフルマラソンのときの発揮し続けるパワー(仕事量)で割ると、体重60kgの推定タイムが算出できます。

2,531,700(kgm) ÷7,032.5(kgm/分)= 360(分)

360分、つまり6時間で走れると推定できました。1)の生理学的な推定法では5時間53分でしたから、かなり近似しています。

2）物理学的な推定法

フランス・パリ大学のモノドとシェラーが、指で一定の重量の重りを持ち上げ、下ろすことを繰り返し、疲労困憊に至る時間とその間になされた仕事量のあいだに、比例関係があることを見出しました。その後、全身運動でもこの法則性があることが確かめられています。

この発見をランニングに応用して考えてみましょう。ランニングマシーンで異なる３つのスピードで走り、それぞれ疲労困憊になるまでの時間を測ります。

ランニングの仕事量は、正確には体重に重心の移動距離をかけた値になりますが、走行距離に近似しますので、〈体重×走行距離〉としました。負荷として10kgのウエイトジャケットを装着して同じことを繰り返します。もちろんどのスピードでも早くへばってしまいます。

ところが（体重＋10kg）×走行距離にして継続時間の関係をみると（図３-２）、無負荷のランニングも重量負荷のランニングもいずれも１本の直線上に乗ってきます。

この関係から、減量でどれだけ速く走れるか予測することができます。すなわち〈体重×距離〉で継続時間が決まることになります。

１）と同様に、Ａ君（70kg）の例で推定してみましょう。フルマラソンの仕事量は以下のとおりです。

$$70(\text{kg}) \times 42{,}195(\text{m}) = 2{,}953{,}650(\text{kgm})$$

これを420分（７時間）で完走しました。従って、１分あたりに換算すると、

$$2{,}953{,}650(\text{kgm}) \div 420(\text{分}) = 7{,}032.5(\text{kgm/分})$$

のパワーを発揮し続けられたことになります。

第4章

ランニングの生理学

メカニズムを知れば、効果が上がる

タイムを伸ばしたい、長い距離を走れるようになりたい、もっとラクに走りたい……走り始めると、さまざまな壁にぶつかります。あなたの悩みを解消するのに、運動生理学の知識が役立ちます。走っているとき、体内ではどんなことが起きているのでしょうか？

この章では、走っているときに体内でどのようなことが起こっているのか、そのメカニズムを解説していきます。

そんなことを知らなくても、結果が出ればそれでいいという方もいらっしゃるかもしれません。ですが、ランニングに関連する生理学を学ぶことによって、トレーニングの意味をより深く理解することができます。スロージョギングがなぜ良いのか、その理由も深掘りしていきます。

私自身は、この運動生理学の面白さに魅了されてランニングの研究を続けてきたわけですが、その蓄積から、マラソンは「知恵のスポーツ」だと思っています。

ランニングをある程度始めたけれど、なかなか走れる距離やタイムが伸びない、走るのがキツく感じて続かなかったという方は、生理学的な知識を得ることで、悩みの原因の解消につながるでしょう。そして、速く走るためには、自分の走り方のどこを改善すればよいのか、ランニングの知恵が湧いてくるはずです。

フルマラソンを完走するエネルギーはどこで作られるか？

ランニングの運動強度をメッツ（93ページ、表3－1）で表すと、ほぼ時速がメッツ強度にな

ります。すなわち、時速7kmで走れば7メッツ、時速20kmで走れば20メッツとなります。メッツは運動時のエネルギー消費量が安静時のエネルギー消費量の何倍になるかという単位なので、時速7kmで走れば安静時の7倍、時速20kmで走れば20倍のエネルギーが必要です。

一流ランナーであれば時速20kmでフルマラソンを走り切ってしまいますが、この膨大なエネルギーは体内でいったいどのようにして作られるのでしょうか?

生きるためのエネルギーは、糖と脂肪がもとになっていますが、より細かく見ていくと、細胞内に微量に貯蔵されている「アデノシン三リン酸(ATP)」という高エネルギー化合物が「アデノシン二リン酸(ADP)」に分解するときに得られます。ATP1モル(507g)の分解で、7・3kcalのエネルギーを供給します。ランニングするとき、すなわち筋収縮時のエネルギーも同様です。ただランニングの場合、必要となるエネルギー量が莫大です。

そもそも、身体に貯蔵できるATP量はわずか100g程度で、全力で走れば数秒間で使い切ってしまいます。では、いったいどうしてフルマラソンのような長い距離を走り切れるのでしょうか?

それはATPがADPに分解されると、すぐに他からエネルギーが供給され、ADPをATPに再合成することができるからです。骨格筋内にはATPとともにクレアチンリン酸(CP)と呼ばれる高エネルギーリン酸化合物が存在していて、ATPが分解されると、すぐさまCPがA

TPの再合成に必要なエネルギーを供給します（図4－1）。

ミトコンドリアとの連携がカギ

ですが、体内に貯蔵できるクレアチンリン酸（CP）の量はアデノシン三リン酸（ATP）の2倍ほど、つまり約200gとたかだか知れています。ここで、活躍するのがミトコンドリアです。ミトコンドリアは細胞の中にある小器官で、エネルギーを生み出す働きがあります。

図4－1に示したとおり、CPは筋収縮時にクレアチン（図中ではC）とリン（P）に分解されますが、これらがミトコンドリアからエネルギーを供給されてCPに再合成されます。CPはシャトルバスのようにエネルギーを運びます。ミトコンドリアでは、糖が分解されてできたピルビン酸や脂肪酸を酸素によって酸化して水と炭酸ガスに分解する過程でエネルギーを生成し、ミトコンドリアの膜上ではクレアチンとリン酸の結合エネルギーを供給します。

このミトコンドリアのエネルギー生成能力は個人差があり、酸素の運搬能力に依存します。たとえば、時速20kmと速いスピードで走ると、安静時の20倍の酸素を必要とします。これほどの酸素量は、エリートランナーでない限り供給できるものではないので、ミトコンドリアのエネルギ

図4-1 筋収縮時のエネルギーの作られ方

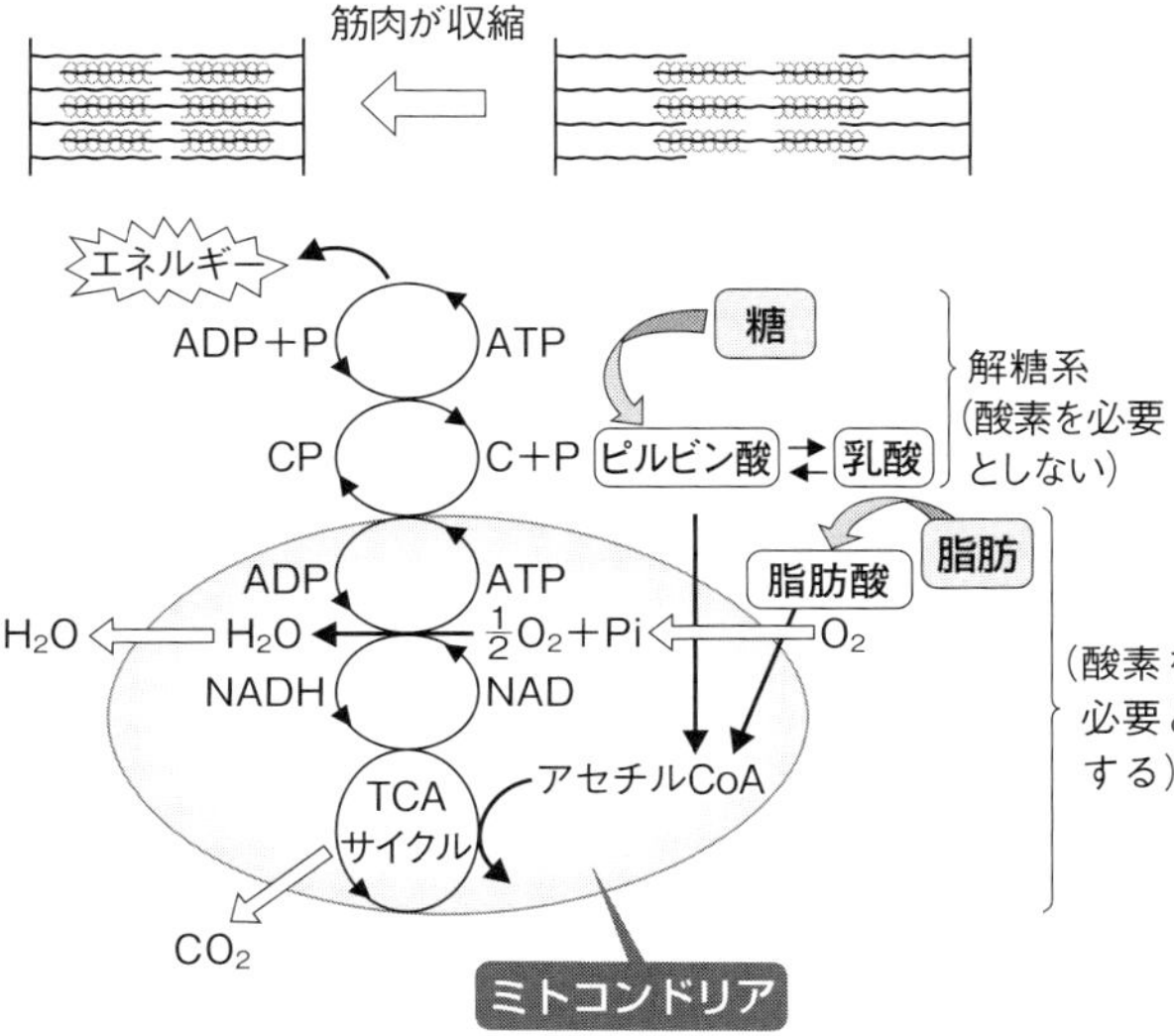

1）筋肉が収縮するとき、筋肉の細胞内に貯蔵されているATPがADPに分解され、エネルギーが作られる。すると、CPがエネルギーを供給し、ATPが再合成される。
2）一方、ミトコンドリア内では、ピルビン酸、脂肪（脂肪酸）がともにアセチルCoAに変わり、TCAサイクルで水素と炭酸ガスが外される。水素が補酵素のNADに渡され、水素の持つ電子を受け渡す電子伝達系と呼ばれる反応を介して酸素と結びつき、たくさんのATP再合成のエネルギーが産生される。
3）ATPの再合成の速度が追い付かなくなると、糖の分解（解糖）によってエネルギーが作られる。このとき、ピルビン酸ができる。

ー生産が間に合わなくなります。スロージョギングであれば、ゆったりしたペースで走るので、必要となる酸素量もさほど多くなく、ＣＰとミトコンドリアの連携で、いつまでもエネルギーを供給し続けることができます。

脂肪はミトコンドリアでしかエネルギーを生み出せませんが、糖は、ピルビン酸に分解されるときにもわずかですがＡＴＰを生産します。この仕組みを「解糖系」と呼び、酸素がなくてもエネルギーを生み出すことができます。糖が分解されてできたピルビン酸は、ミトコンドリアの中で酸素によって酸化されて、さらにエネルギーを生み出す、という2重の仕組みがあるというわけです。酸素の供給が間に合わないと、ピルビン酸は乳酸になってしまいます。

酸素が十分供給されていて、糖を使ったエネルギー生産（解糖）の速度がゆっくりであれば、ピルビン酸はミトコンドリアに取り込まれ酸化されます。水と二酸化炭素まで分解される過程で、たくさんのエネルギーを産生できます。これはまさに、スロージョギングをしているときの状態です。ゆっくり走る場合は、酸素が十分に供給されてミトコンドリアも良く機能できるためＡＴＰ濃度は減少しませんし、解糖速度はゆっくりです。

解糖の速度は、ＡＴＰ濃度が減少した場合と交感神経の興奮が増した場合に速くなります。

スロージョギングは、脂肪をうまく使う走り方

糖は酸素がなくてもＡＴＰを生産できるため、無酸素運動のときや有酸素運動でも「しかめっ面ペース」や「がんばりペース」で走ったときにエネルギー源として利用され、いまお話ししたように「にこにこペース」や「るんるんペース」で走ったときには、ミトコンドリアがうまく機能し、脂肪が積極的にエネルギー源として利用されます。

ハイブリッドカーにたとえれば、定速運転のときは電池に相当する脂肪がよく燃え、ガソリンに相当する糖をあまり使わずに走りますが、アクセルを強く踏み込むと（交感神経の興奮）、その踏み方に応じて糖をより使うことになるというわけです。

私たちは、食物から得たエネルギーを脂肪と糖に変換して体内に蓄えています。おもに脂肪は、皮下（皮下脂肪）、内臓（内臓脂肪）、また筋肉と筋肉の間に蓄えられていますが、筋細胞内にも小さな脂肪のかたまり（脂肪滴）として存在し、身体の至るところにストックされています。体脂肪率が20%で体重が60kgであれば、脂肪が12kgも蓄えてある計算です。

一方、糖は肝臓と筋肉にグリコーゲンとして、それぞれ１００ｇ、５００ｇほど蓄えられてい

るだけです。この糖の貯蔵量は30kmを走れる程度で、フルマラソンを完走するには足りません。しかし脂肪は1kgあたり7200kcalに相当するため、体内の貯蔵量があれば何も食べずに1ヵ月生きていけるほどです。この脂肪をエネルギーとしてうまく使えれば、フルマラソンより長距離を走るウルトラマラソンだって難なくこなせるはずです。

繰り返しになりますが、脂肪をエネルギーとして上手に使うのがにこにこペースのランニングであり、だからこそスロージョギングから始めれば誰でもフルマラソンを完走できておかしくないのです。しかし、速く走りすぎるとガソリン（つまり糖）を速く消耗し、しまいには〝ガス欠〟を起こしてしまいます。あとで詳しくお話ししますが、フルマラソンなど長距離を走るとき、前半で飛ばしすぎて、途中で突然身体が動かなくなるという経験をされた方もいらっしゃるのではないでしょうか。それは、頑張って速く走りすぎたために、身体がガス欠を起こした状態だと考えられます。

乳酸が溜まるメカニズム

クレアチンリン酸（CP）とミトコンドリアの連携でアデノシン二リン酸（ADP）からアデ

ノシン三リン酸（ＡＴＰ）が再合成されるとお話ししましたが、ここで改めて、乳酸が溜まる仕組みを整理しておきましょう。

ＡＴＰの再合成の速度がＡＴＰの分解速度に追いつかなくなると、筋肉中に蓄えられたグリコーゲンや、血中から取り込んだグルコースを分解する解糖の速度が自動的に速くなります。解糖の結果としてピルビン酸ができますが、無酸素状態ではピルビン酸から乳酸が生じます。乳酸は、ミトコンドリアに取り込まれたあと、酸化分解される過程でもエネルギーが生産されます。

しかし、ミトコンドリアでのピルビン酸や乳酸の分解速度に対して、解糖の速度が速くなると、筋肉中に乳酸が蓄積していきます。たとえば短距離のように全力で走る場合、酸素の供給は間に合わなくなるので、乳酸が溜まります。

図４－２に、ミトコンドリアの乳酸分解の仕組みを簡単な模式図に示しました。仮にミトコンドリアの機能を数で表すと、図の左のように機能が１個ではピルビン酸を代謝するスピードが解糖スピードより遅く乳酸が溜まりますが、右の図のように機能が２倍になってピルビン酸を代謝するスピードが解糖のスピードを上回ると、乳酸が減っていきます。

詳しくはあとで説明しますが、定期的な運動によってミトコンドリアの機能が上がることが明らかになっています。ですがランニングを始めたばかりの方は、ミトコンドリアの機能が低いため、時速6～7㎞のジョギングスピードでも乳酸が溜まりはじめ、ランニングスピードが速くなればなるほど乳酸の蓄積量が多くなります。

乳酸は酸ですので、その蓄積によって筋肉が酸性に傾きます。

酸性とは水素イオンが蓄積することですが、水素イオンが筋肉の知覚神経を介して反射的に交感神経を刺激し、その結果、アドレナリン、ノルアドレナリンというホルモンが分泌されます。

これらのホルモンは心臓の鼓動を増し、呼吸を荒くします。そのため、乳酸が溜まると動悸がして呼吸が激しくなるのです。

図4-2 ミトコンドリアの機能が低いと乳酸が溜まる

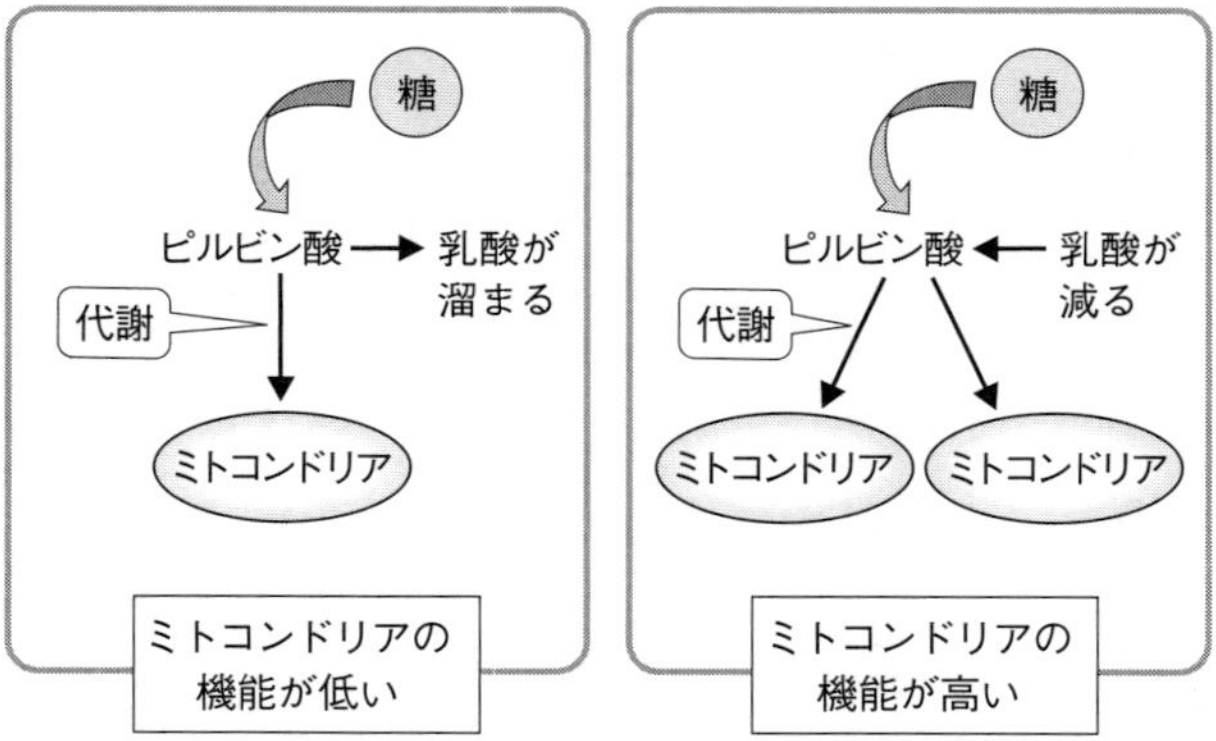

ミトコンドリアの機能を数で表した。ミトコンドリア機能が低い場合（左図）は、ピルビン酸の代謝スピードが追いつかず、乳酸が溜まる。一方、右図のようにミトコンドリアの機能が高い場合は、ピルビン酸をすみやかに分解でき、溜まった乳酸が減っていく。

ランニングで疲労する本当の原因

このように、爆発的にエネルギーを使う短距離では過剰に乳酸が溜まり、多量の水素イオンが筋収縮を阻害し、疲労を引き起こします。陸上競技の1500mや1万m走などの中・長距離でも同じです。レース終了後は短距離と同様に、安静時の8倍以上という驚くほどの量の乳酸が溜まります。

ただし正確にいえば、疲労の原因は過剰な乳酸蓄積ではなく、乳酸から解離してくる水素イオンです。水素イオンが骨格筋中に存在するカルノシンなどの緩衝剤によって吸収されれば、疲労が緩和されることになります。また、乳酸は骨格筋から血中へと移動し、血液中にたくさん存在する重炭酸イオンにより水素イオンが吸収され、最終的には水と炭酸ガスという無害のものに代謝されます。

ところで、疲労困憊でゴールしたフルマラソン後の乳酸濃度は、どのくらいなのでしょうか。じつは、安静時の数倍程度しか溜まっていません。つまり、フルマラソンの疲労は乳酸が原因ではないのです。

フルマラソンをにこにこペースより速い「がんばりペース」（63ページ、表2－1参照）で走ったとしましょう。血中には安静時の数倍程度に乳酸が溜まりますが、それ以上増えず、むしろ運動中に減ることすらあります。

乳酸はグリコーゲン（あるいは血中のグルコース）が分解（解糖）されてできる最終産物ですが、先ほどお話ししたように、解糖の間にわずかですがアデノシン三リン酸（ATP）を再合成します。また乳酸は、ピルビン酸に戻ってミトコンドリアで酸化されて水と炭酸ガスに完全に分解される過程でもたくさんのATPを再合成できます。じつは乳酸は、燃えやすいエネルギー源といえるのです。実際、血中に拡散した乳酸は、心臓や他の筋肉や脳に取り込まれてエネルギー源として利用されます。

さらに肝臓に取り込まれ、グルコースに再合成されますし、脂肪組織では脂肪の合成に利用されます。すなわち、骨格筋で生じた乳酸は、あちこちの臓器で利用されるエネルギーの素となります。

乳酸は、過剰に蓄積したとき、多量の水素イオンを解離して疲労を引き起こすことは間違いありませんが、適度な量であれば疲労の原因物質とはいえません。

余談になりますが、肩こりは乳酸が溜まったものなどというのはまったく科学的根拠のないことです。筋収縮もしていないので乳酸が溜まるはずはありませんし、乳酸自体は発痛物質ではありません。

短距離は解糖のエネルギーを利用する

その場でジャンプを繰り返したり、１００ｍなどの短距離走をしたりするときは、瞬間的に膨大なエネルギーを必要とします。こうした運動は無酸素運動と呼ばれていますが、運動中の酸素の供給が間に合いませんし、たとえ最大限酸素供給ができてミトコンドリアがフル回転したとしても、それだけではエネルギーは足りません。

前述したように、グリコーゲンがピルビン酸まで分解する過程でアデノシン三リン酸（ＡＴＰ）が再合成されます。再合成される量は、ピルビン酸がミトコンドリアで酸化される過程での再合成量に比べるとわずかな量ですが、短距離走の場合は、これをフル活用しています。

無酸素運動では短時間に多量の乳酸が蓄積され、筋肉にたくさんの水素イオンが溜まります。過剰な水素イオンは筋収縮を妨害し、また解糖を阻害するように働きますので、運動を継続できなくなるのです。

速く走れる人と走れない人の違いは何か

私たちは乳酸閾値未満のランニングを「るんるんペース」、乳酸閾値近辺を「にこにこペース」、それ以上を「がんばりペース」、さらに安静時の4倍以上の乳酸が溜まるスピードを「しかめっ面ペース」と呼んでいます（63ページ、表2－1参照）。

これらを生理学的に説明すると、るんるんペースは、クレアチンリン酸（CP）とミトコンドリアでアデノシン三リン酸（ATP）が再合成されるエネルギーのみで走ることができるペースです。にこにこペースは、交感神経の興奮が始まる運動強度です。それ以上のスピードになると解糖によるエネルギーが多く使われるようになり、がんばりペースからは乳酸を溜めながらもなんとか頑張れるペース、しかめっ面ペースは乳酸がどんどん溜まり、結局水素イオンが蓄積しすぎて疲労困憊に至るランニングのペースです。

ランニング中のエネルギー消費量は、先述したように体重1kgあたり1kmにつきおよそ1kcalで、移動距離に比例し、ほとんど個人差はありません。

第2章で、ランニングビギナーのBさん（21歳）は、時速6km未満であれば乳酸を蓄積することなくランニングができました。つまり乳酸閾値が時速6kmでした。そして、ベテランランナーのCさん（67歳）は、時速12kmが乳酸閾値スピードでした（66ページ、図2－1参照）。では、このBさんとCさんの違いは何でしょう？　これは言い換えれば、速く走れる人と走れない人の違いは何かということです。

その答えは、酸素摂取能力の違いです。

BさんとCさんについて、ランニングスピードに応じた酸素摂取量を比較してみると、両者とも時速10kmまではほとんど変わりませんでした。しかし10kmを超えるとBさんは

図4-3　速く走れる人は、最大酸素摂取量が多い

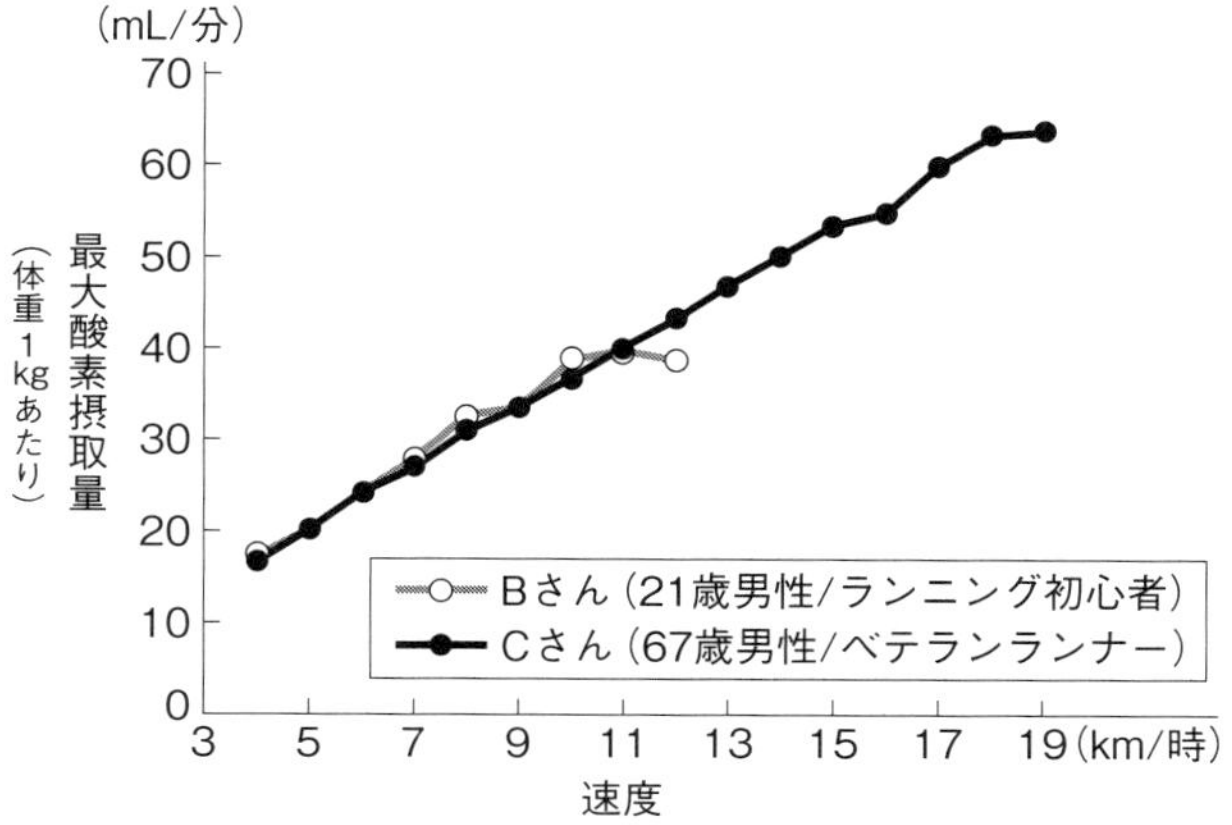

ランニング初心者のBさんは時速10kmで酸素摂取量が頭打ちになり、ベテランランナーのCさんは、時速20kmで頭打ちになった。このときの値が、最大酸素摂取量となる。
（福岡大学身体活動研究所資料より改変）

それ以上酸素を摂取できず、頭打ちになります。一方、Cさんは時速10kmを超えても直線的に酸素摂取量が増していき、時速20kmでようやく頭打ちとなってきます（図4-3）。頭打ちとなったときの値が、その人の最大酸素摂取量です。

最大酸素摂取量は、心臓から送り出され骨格筋に集められる血液量と、骨格筋が酸素を消費する能力で決まります。前者の骨格筋に集められる血液量は心臓のポンプ機能と骨格筋の毛細血管の数、後者の骨格筋が酸素を消費する能力はミトコンドリアの数と機能に依存します。

ちなみに、最大酸素摂取量は体重あたりの酸素摂取量で評価しますが、一般人が1分間に20〜40mL／kg程度なのに対して、一流長距離選手は1分間に70〜85mL／kgにも達します。

加齢で最大酸素摂取量は低下する？

加齢現象の最たるものの一つが、最大酸素摂取量の低下です。最大酸素摂取量は、1分間に体内に取り込める酸素量のことで、体力の指標として使われています。最大酸素摂取量は20〜30歳がピークで、10歳ごとに10％ずつ低下し、70代は20代に比べ50％低下します。

ただし、入院などしてベッドで安静にしていると、それ以上に低下していきます。たとえば、

３週間ベッドで安静にしていると、最大酸素摂取量は30％低下します。最大酸素摂取量だけでなく、筋肉量も同等の低下率であることがわかっています。

運動をしないと、加齢とともにどんどん体力は低下していってしまうのです。

ですが、ランニングによってそれを防ぐことができます。走ることで筋肉量が増えることは、先に記したとおりですが、加齢によって低下する最大酸素摂取量も、走ることで回復することができるのです。

私の場合も、ランニングを始めた46歳では、30代のころと比較して著

図4-4　加齢とランニングによる最大酸素摂取量の変化

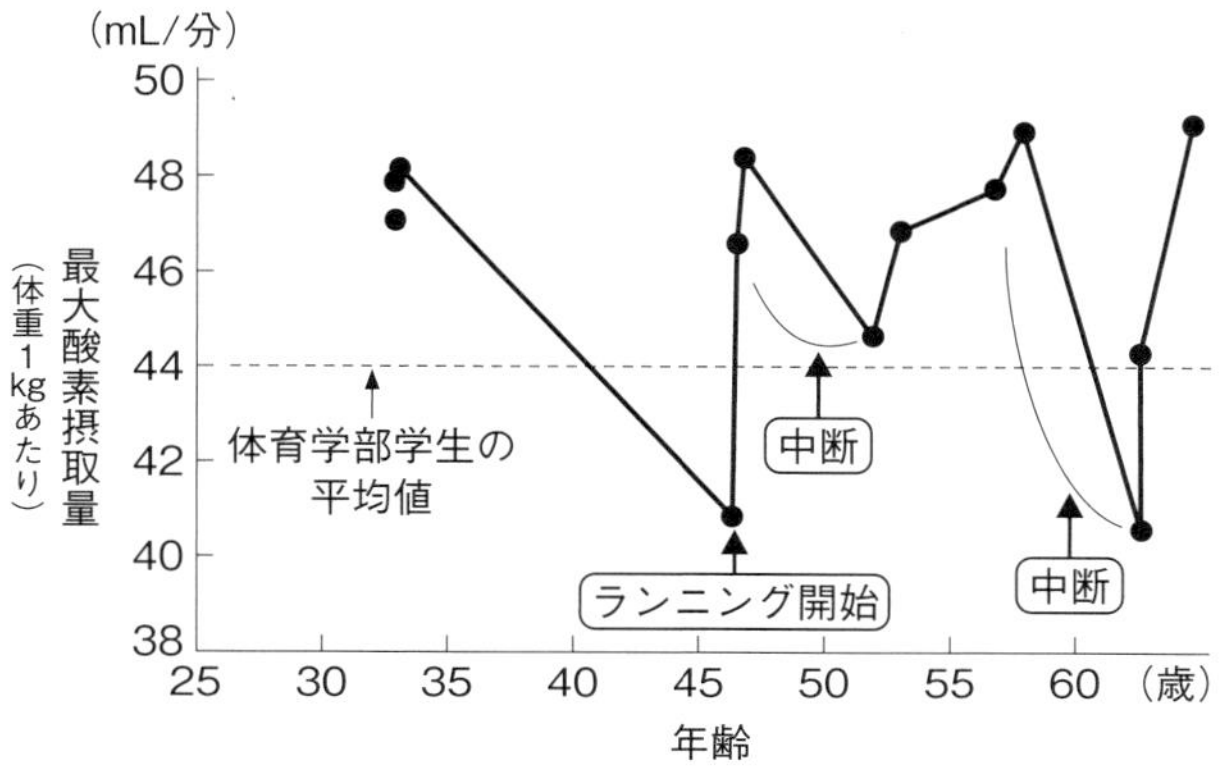

著者の最大酸素摂取量の変化を記録。30代のころと比較して46歳では著しく低下しているが、ランニングを始めると最大酸素摂取量は回復。途中で数値が下がっているのは、通常のジョギングができていなかったため。44mL/kg/分のラインは、福岡大学体育学部の学生の平均値。
（福岡大学身体活動研究所資料より改変）

しく低下していました。ところがランニングを継続すると、あっという間に若いころの最大酸素摂取量のレベルに到達したのです。図４-４に示したのが、その推移です。

その後、種々の理由でトレーニングを中断、また再開を繰り返していますが、すぐに若いころの最大酸素摂取量に戻っています。数年前に測定すると、また46歳のころの値になってしまいましたが、これは背中を痛め、数ヵ月間超スローペースでしか走れなかったことが原因と考えています。その後、新たなチャレンジで、再び若いときの最大酸素摂取量レベルに戻りました。

ミトコンドリア機能を高める

最大酸素摂取量は、細胞内のミトコンドリアの機能も大きく関わっています。ランニングの能力を上げるには、持久力の要でもあるミトコンドリアの機能を高める必要があるといってもいいでしょう。そのためには、少しややこしい話になりますが、ＤＮＡの遺伝子情報からミトコンドリアを構成しているタンパク質のＲＮＡの転写を促進しなければなりません。

アメリカ・ハーバード大学のスピーゲルマンのグループは、１９９８年にＤＮＡからミトコンドリア関連遺伝子の転写を促進するＰＧＣ-１αと呼ばれるタンパク質を発見しました。スピー

ゲルマンらは、マウスの遺伝子操作をおこない、その機能を調べています。骨格筋のPGC－1αを過剰に発現するとミトコンドリアが増え、スタミナ抜群で長距離を走れるマウスになりますし、この遺伝子をノックアウトする（遺伝子を働かなくする）と逆にスタミナがなく、長距離を走る能力の低いマウスになります。

PGC－1αを誘導する刺激は、交感神経の興奮や、エネルギーが過剰に使われたときに活性化されるAMPキナーゼ、交感神経が興奮するとできるサイクリックAMP、さらに筋収縮時に放出されるカルシウムイオンにより活性化される酵素などであることがわかってきました。いずれも、運動強度が強いほど生じる物質であるといえます。つまり、強い運動をするとPGC－1αが誘導され、ミトコンドリア機能が高まるのです。

では、にこにこペースのような軽強度運動でPGC－1αの発現は高まるのでしょうか？これは交感神経の興奮が始まる強度なので、PGC－1αが発現する可能性があります。私たちは運動前後に大腿部の筋を取り出し（筋生検法／140ページ参照）、PGC－1αの発現が起こるかどうか調べてみました。

にこにこペースの強度で1時間の運動をおこなった場合、期待どおりPGC－1αが発現しました。しかしるんるんペースの運動強度では同じ運動量をおこなってもPGC－1αは発現しませんでした。

すなわち、にこにこペース以上の強度のランニングでミトコンドリア機能の向上が期待できるのです。

乳酸閾値と最大酸素摂取量からみたマラソン完走のコツ

ここまで説明してきたように、乳酸閾値が高い人や最大酸素摂取量が大きい人は長距離を速く走れる人、ということになります。

アメリカのファーレルたちは、市民ランナーからエリートランナーまでを対象に３・２㎞から４２・１９５㎞までのレース記録と乳酸閾値と最大酸素摂取量の関係をみています。それによると、いずれの距離でも、レースの記録は乳酸閾値および最大酸素摂取量と密接な関係があることがわかりました。また、乳酸閾値と最大酸素摂取量の間にも強い関係がありました。

またファーレルたちは、市民ランナーから一流選手まで、乳酸閾値のスピードとフルマラソンの平均スピードがきわめて近似していることも発見しました。このことは非常に重要な発見です。

これはつまり、乳酸閾値であるにこにこペースで走れば、誰でもマラソンを完走できるとの仮説が成り立ちます。

私自身、昔は走ることが大嫌いだったのですが、マラソンが面白いと思った最初のきっかけが、このファーレルたちの研究との出会いです。

私がいちばん最初にフルマラソンを経験したのは、37歳のときでした。それは「過剰な運動ストレスは身体に良くない」との仮説のもと、過剰なストレスとしてマラソンを選び、男性ホルモンの分泌への影響を調べるため自ら被験者になったからです。事実、疲労困憊でゴールし、もうマラソンなんて二度と走るまいと思いました。

そのころは、にこにこペースでレースのペースを設定するというアイデアを持っていませんでしたので、適当に走った結果です。かなりトレーニングを積んで走ったのですが、タイムは4時間11分でした。

それから9年経ち、その間に太ってしまったので、週末に5㎞ほどにこにこペースで走ることにしたわけですが、ファーレルたちの研究を知り、最初に乳酸閾値に相当するスピードを測定してみました。

ファーレルたちのデータによれば、マラソンの平均スピードと乳酸閾値のスピードが近似していたのですが、よく見るとマラソンの平均スピードのほうが時速0・7㎞速い結果でした。これは、にこにこペースから時速0・7㎞ほど速いペースでマラソンを走れる可能性があるということになります。

それを自分に当てはめて計算してみると、46歳の当時で、なんと3時間30分から3時間50分で走れるとの予測です。

3章では、減量することでどれだけ速く走れるようになるかをご紹介しましたが、乳酸閾値からも、このような推定ができたのです。

さしたる練習もせず、私はそのままでフルマラソンにチャレンジすることに決めました。その結果、予想どおり3時間30

図 4-5 マラソンの平均スピードと乳酸閾値スピードは比例する

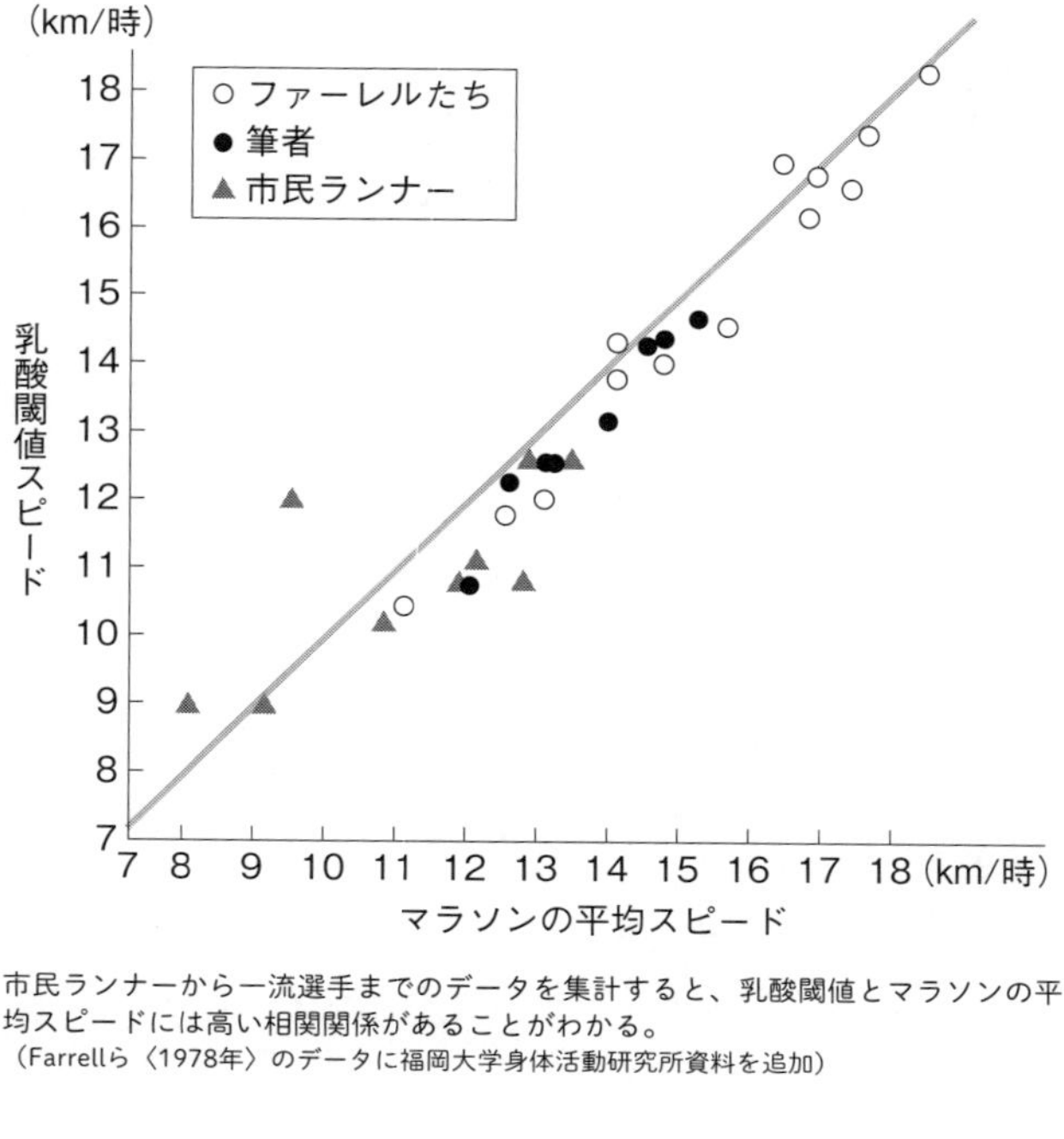

市民ランナーから一流選手までのデータを集計すると、乳酸閾値とマラソンの平均スピードには高い相関関係があることがわかる。
(Farrellら〈1978年〉のデータに福岡大学身体活動研究所資料を追加)

分3秒でマラソンを完走できたのです。

その翌年、10kg減量して仮設どおりサブスリーを達成。以後、トレーニングを続けて自己記録を更新していき、2時間38分48秒まで記録が伸びたのです。レースのたびに乳酸閾値を測っていたので、それらのデータをファーレルたちのデータに加えたのが図4-5です。さらに市民ランナーに協力してもらい、それぞれのにこにこペースを測定、それをもとにレースのペースをアドバイスして走ってもらったデータも追加しました。ちなみに大半の方が自己新記録でした。

市民ランナーからトップランナーまで、見事ににこにこペースあるいはそれよりやや速めのペースでマラソンを走り切っています。

フルマラソンで走れなくなるのは「グリコーゲンの枯渇」

マラソンのレースを見ていると、30km過ぎたところからがいよいよ勝負どころとなります。図4-6は、フルマラソンで2時間21~24分の自己記録を持つ4人の選手が２０１３年の福岡国際マラソンに出場したときのペース配分の比較です。

各選手の自己最高記録は、ＹＭがもっとも遅く2時間24分台、他の3選手は2時間21~22分台

です。グラフを見てわかるように、YM以外は、前半をかなりのハイペースで飛ばしていたのでしょう。30㎞過ぎからスピードダウンしていきます。

それに引き換え、YMは自分のペースを守り、30㎞を過ぎてもスピードダウンせず、ついに40㎞過ぎで他の3選手に追いつき、もっとも速くゴールしました。タイムは自己記録にわずかに届きませんでしたが、個人の力を十分発揮できたと思われます。

YMより自己最高記録が2~3分も良い3選手は、力を出し切れませんでした。これら3選手には、いったい何が起こったのでしょうか?

スウェーデンのカロリンスカ研究所がおこなった、運動前の食事内容が疲労に関係することを示した研究があります。この実験では、被験者を、炭水化物（糖質）の少ない脂肪タンパク中心の食事を数日間取ったグループと、炭水化物中心の食事を数日間取ったグループに分け、同じ強度の運動を疲労困憊で身体が動かなくなるまで続けてもらいました。

すると、前者の炭水化物の少ない食事をしていたグループはおよそ1時間でへばったのに対し、後者の炭水化物中心のグループは3倍も長い時間、運動を持続できたのです。

このような事実から、糖の代謝と疲労の関係を明らかにするため、1960年代に入り、カロリンスカの研究者たちが先ほどもお話しした「筋生検法」という画期的な研究を始めました。これは、円筒状の針を骨格筋に差し込み、筋肉の小片を取り出しグリコーゲン濃度を調べるというものです。糖質は体内にグリコーゲンとして貯蔵されています。

この研究の結果、食事の内容にかかわらず長時間の運動で疲労困憊に至ったときは、筋肉中のグリコーゲンが枯渇していることが明らかになったのです。

つまり、グリコーゲンは車でいえばガソリンに相当するので、マラソンランナーが30kmを過ぎてペースダウンを余儀なくされるのは、グリコーゲンの枯渇、〝ガス欠〟が起こったからなのです。

運動前数日間に炭水化物食を

図 4-6 4人のランナーのフルマラソンのペース配分の比較

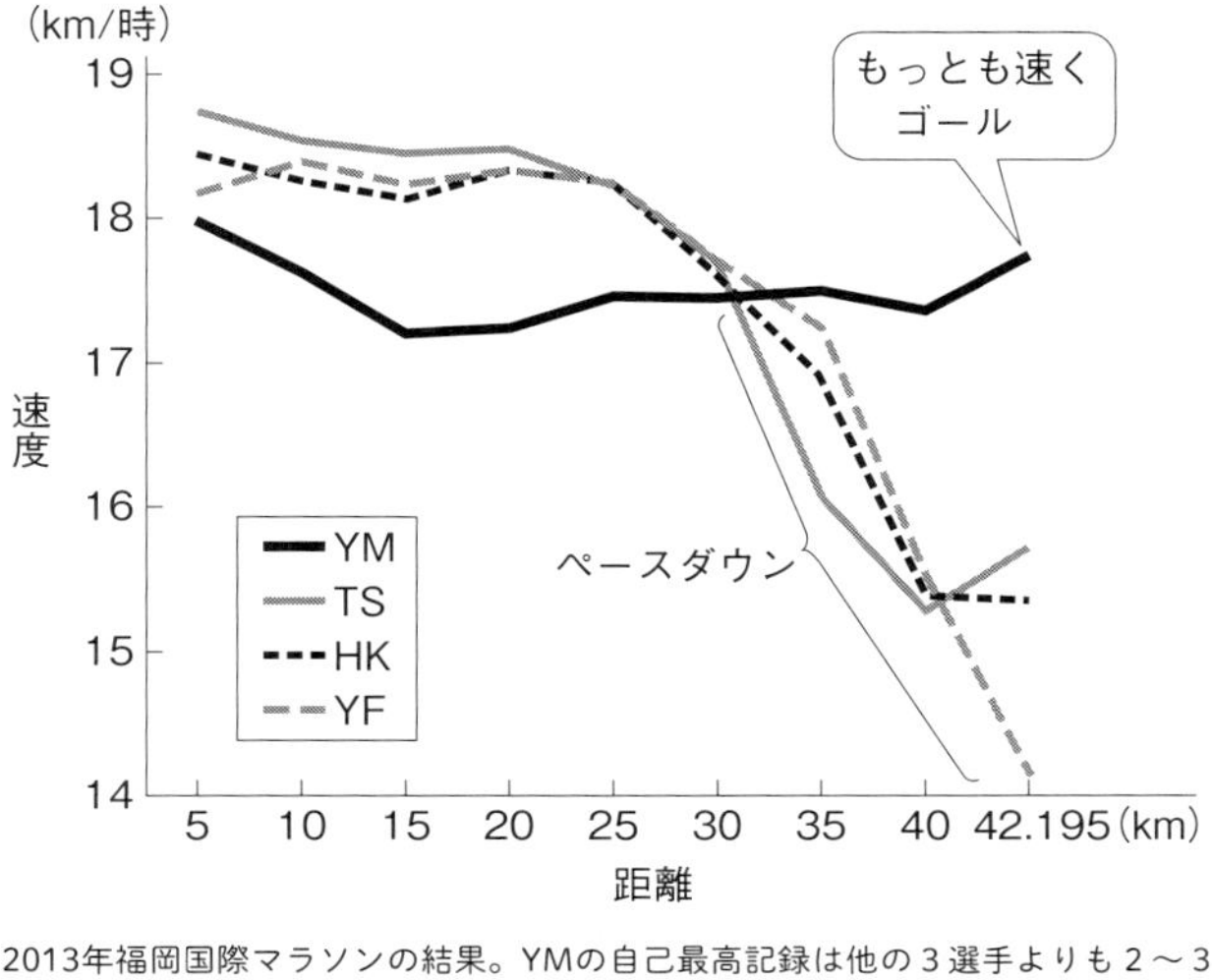

2013年福岡国際マラソンの結果。YMの自己最高記録は他の3選手よりも2～3分遅かったが、一定したペースを保ち、このレースではもっとも速くゴールした。最初に飛ばしすぎた他の3選手は、途中から急にペースダウンしている。
（福岡大学身体活動研究所資料より改変）

積極的に摂取すると、3倍も長く運動が持続できます。その理由は、筋肉中のグリコーゲンが通常の3倍増加していたからということが明らかになっています。炭水化物食によりガソリンの溜め込みができるわけで、レース前には選手も積極的に炭水化物を摂取します。これはグリコーゲンローディングと呼ばれますが、詳しい方法は、6章で紹介します。

エネルギー源は体内でどう蓄えられているか

私たちは、じつに多くのエネルギーを脂肪として蓄えています。食物の脂質のエネルギー量は1gあたり9kcalですが、体脂肪は水などを若干含むため、エネルギー量は1gあたり約7kcalです。体重60kgで体脂肪率が20%とすると12kgの脂肪ですので、８万４０００kcalのエネルギー量になります。

一方、グリコーゲンは脂肪に比べてわずかしか蓄えられていません。肝臓におよそ１００g、筋肉におよそ５００g蓄えられているだけです。

食物の糖のエネルギー量は、1gあたり4kcalです。糖は、体内ではグルコースとして吸収されます。しかし、グルコースのままではタンパク質と化学反応を起こしやすく、燃料として使えな

くなってしまうため、単体の糖が数珠つなぎとなった形でグリコーゲンとして蓄えられています。このときに、グリコーゲン1gあたりおよそ3gの水を含みますので、600gのグリコーゲンを貯蔵するには1800g余分に重くなってしまいます。蓄えた糖のエネルギー量は、重量あたりでみると1gあたり1kcalで、脂肪の7分の1しかありません。

もし、12kgの脂肪のエネルギー量をすべて糖として蓄えたならば、84kg余分に水を蓄えなければなりません。もちろんこれは不可能で、ヒトは食物から摂取した余分のエネルギーを脂肪に変換して貯蔵する仕組みを持っているわけです。

貯蔵燃料として不利な糖ですが、私たちにはなくてはならないエネルギー源です。まず、脳神経系の燃料は糖が主体です。そして闘ったり、逃げたり、瞬発的に大きなパワーを発揮するには糖の解糖のエネルギーしか利用できません。

筋肉に蓄えられたグリコーゲン量は、30kmを走りきれる程度です。肝臓のグリコーゲンはもっぱら血糖の維持に貢献し、脳神経のエネルギーに使われます。走るときには、肝臓のグリコーゲンは、ほんのわずかしか使われません。

ハイブリッドカーの性能を発揮して走る

電気で動くモーターを使って加速し、燃費が良い速度になったときにガソリンで動くエンジンに切り替えて走行するハイブリッドカーは低燃費車です。最新のトヨタプリウスの燃費は、リッター約40kmにも向上しています。

繰り返しお話ししていますが、私たちの身体のエンジンは、このハイブリッドカーにたとえられます。電気駆動が脂肪、ガソリンがグリコーゲンです。マラソンのような長時間運動では、グリコーゲンの枯渇が疲労原因でした。ならば、できるだけ糖を節約し、その分脂肪をエネルギーとして使うことができれば、パフォーマンスが向上することになります。

一般の人は、安静時から50％最大酸素摂取量まで、脂肪と糖が半々ずつエネルギーを供給しています。そしてその運動強度を超えると、強度が増すにつれて糖依存になり80％最大酸素摂取量から糖のみを使います。つまり、ランニングスピードが遅ければ脂肪を積極的に使うことができ、速くなるほど脂肪を使わなくなります。

ここで大事なことは、一般人のにこにこペースとは、脂肪のエネルギー供給の割合が下がり始める50％最大酸素摂取量強度である、ということです。

ちなみに、ベテランランナーであればあるほど同一の運動強度で脂肪の燃焼量が多く、また最大で70～80％最大酸素摂取量くらいの強度まで脂肪を使えるようになります。

したがって、ベテランランナーのにこにこペースは70～80％最大酸素摂取量と

図 4-7 ランニング速度と糖質、脂質のエネルギー消費量、乳酸濃度の関係

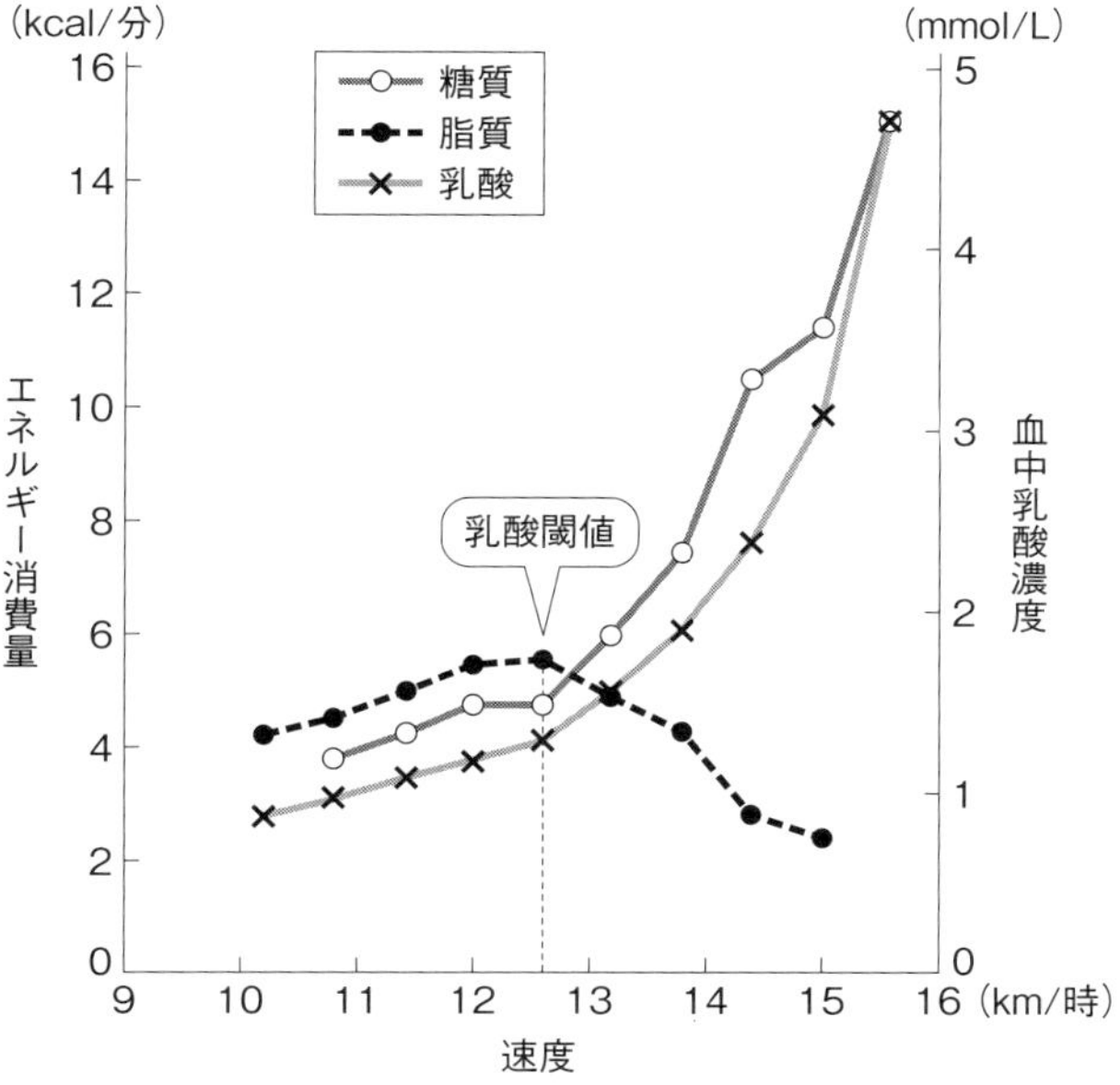

脂質のエネルギー消費量が下がり始めるのと、糖質のエネルギー消費量と乳酸濃度が上がり始めるスピードはほぼ一致する（図では時速12～13kmの間）。これが、にこにこペースとなる。
（福岡大学身体活動研究所資料より改変）

なります。

図4－7に、ランニングスピードと糖および脂肪の燃焼量と乳酸濃度の関係を示しました。糖と脂肪の燃焼比率は、まず運動時の呼気ガスを集め、その量と酸素と炭酸ガス濃度を測定します。そこから、体内に摂取した酸素摂取量と炭酸ガス排泄量の比、呼吸交換率を調べます。乳酸が急増し始めるのが乳酸閾値速度ですが、図をみると、この速度は、脂肪のエネルギー供給の割合が下がり始め、糖のエネルギー供給の割合が上昇し始めるスピードと一致します。

繰り返しますが、乳酸閾値の速度は笑顔を保って走り続けられるくらいのにこにこペースです。つまり、にこにこペースとは、最大効率で脂肪を使える速度なのです。したがって、グリコーゲンをもっとも節約して走れる最大スピードであり、ハイブリッドカーの性能をもっとも発揮できるのです。

遅筋繊維を使う

筋肉は、肉眼では見えないほど細い筋繊維の束です。長い髪の毛を束ねたと想像してください。筋繊維には、脊髄から伸びた神経が接合していて脳からの指令が伝達されます。1本の神経

が数本から100本以上もの筋繊維を支配しています。

1本の神経とそれに支配されている筋繊維を運動単位と呼んでいます（図4−8）。

ところで、近海魚のタイやヒラメは白身、遠洋回遊魚であるマグロは赤身です。

図4-8　**遅筋繊維と速筋繊維**

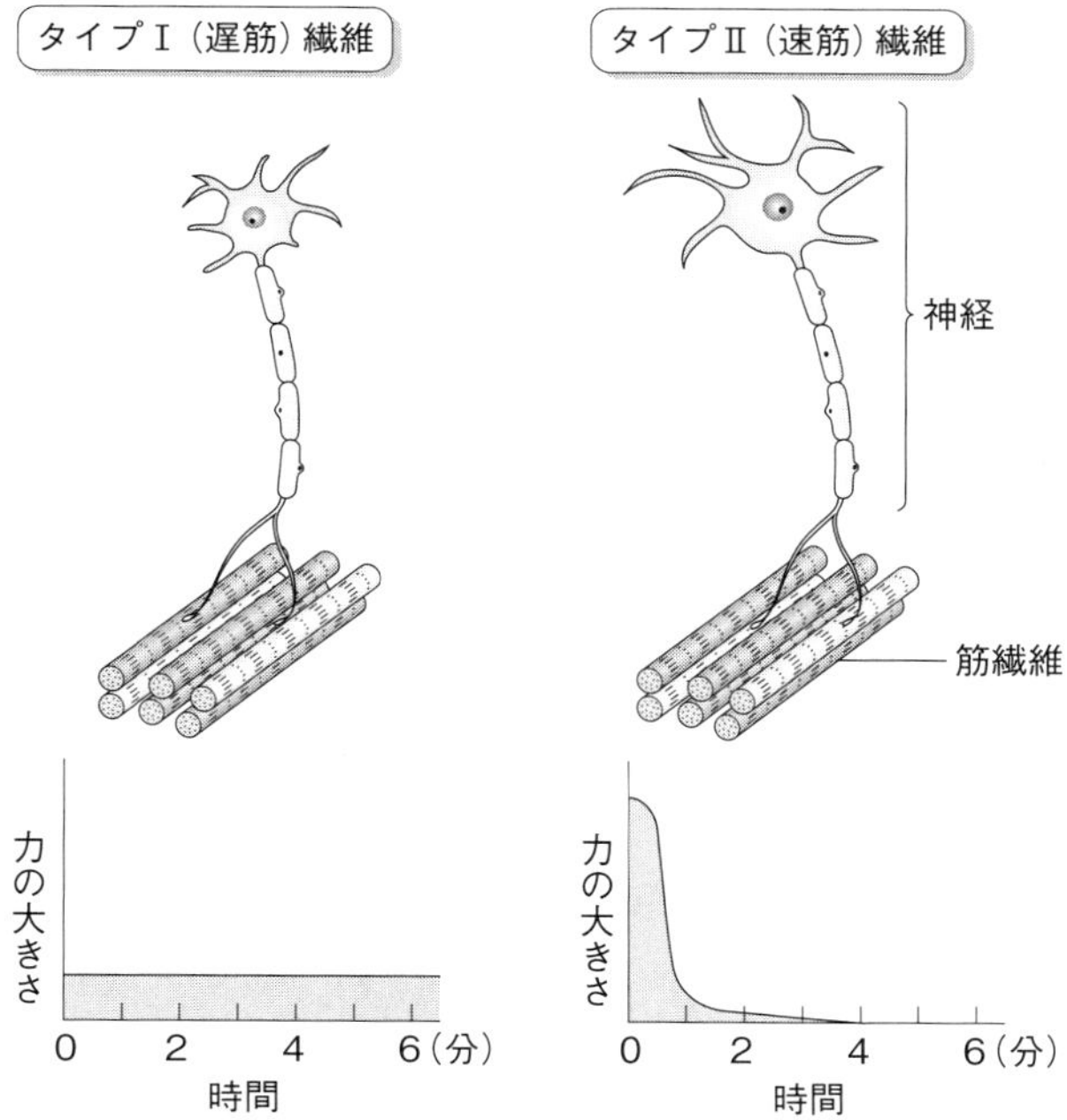

左のタイプⅠ（遅筋繊維）は大きな力は出ないが疲れにくく、右のタイプⅡ（速筋繊維）は大きな力が出るが疲れやすい。スロージョギングでは、タイプⅠの筋繊維を使う。

（Nolte. J, *The Human Brain*, 2002より改変）

色の違いは、ミオグロビンと呼ばれる赤い色素タンパク質の多少によります。ミオグロビンは、血中で酸素運搬を担うヘモグロビンと同じ役割をします。赤身の筋肉はミトコンドリア機能が高く、持久力にすぐれます。一方、白身のタイやヒラメの筋肉はミトコンドリア機能はそれほど高くないのですが、瞬発的な動きが得意な筋肉です。

ヒトの筋肉は、いわば赤身と白身と似た異なる性質の筋繊維が混ざり合っています。一方を収縮速度は遅いけれど疲労しにくい「タイプⅠ繊維」、他方を収縮速度が速く大きな力が発揮できるが疲労しやすい「タイプⅡ繊維」と呼んでいます。タイプⅠ繊維は「遅筋繊維」、タイプⅡ繊維は「速筋繊維」とも呼ばれます。

にこにこペースの運動はタイプⅠ、つまり遅筋繊維が主体の運動です。大きな力は発揮できませんが、疲労しにくいタイプの筋肉を主に使うのです。

走ると脇腹はなぜ痛む？

走ると脇腹が痛むことがあります。私自身も学生時代によく経験しました。しかし46歳からランニングを始めて20年を超えましたが、その間、一度も脇腹が痛くなったことはありません。また、この11年間で延べ2000人ほどにランニングの指導をしましたが、受講生たちにそのような症状が起こったこともありません。なぜでしょうか?

運動中に腹痛を起こす割合を年齢別に調査した研究があり、その報告をみると、若い人に多く、40歳を過ぎると少なくなります。その理由はたしかではありませんが、頑張りすぎることと関係しているかもしれません。

腹痛が起こる原因ですが、一つはランニング前の食べ過ぎや飲み過ぎです。たとえばマラソンの給水所で飲水した直後に起こることが報告されています。これを予防するには、食事を早めに済ませておくことです。少なくとも走り始める2時間前、できれば3~4時間前に済ませておきましょう。

そのほか、腹痛が起こる原因には横隔膜の虚血、胃腸や小腸の虚血などが考えられています。これらは、腹膜の炎症との説が有力です。オーバーペースになると内臓の血流量が極端に減りますので、虚血になる恐れがあります。

もし腹痛が起こったなら、深呼吸をしたり、痛みの部位を指圧したりすることが有効との研究があります。しかし、なによりも、痛みが起きたらランニングを中止することです。しばらく立ち止まり、痛みがとれてから再スタートしましょう。

ランナーズハイはなぜ起こる？

ランニング中に、気分がとても良くなることがあります。スロージョギングを続けて、そうした経験をされる方は多くいらっしゃいます。山登りでも同じことが起こるそうです。これは「ランナーズハイ」あるいは「ハイキングハイ」と呼ばれますが、いったいどのような仕組みで起こるのでしょうか？

この気分の高揚は、脳内の内因性カンナビノイドシステムという働きが関与していることが明らかにされました（フスたち／2015年）。じつはこれは、マリファナ様物質が脳に働いて気分が高揚するのと同じ仕組みなのです。

1990年代にヒトの体内でマリファナ様物質が作られることがわかりました。なんともおもしろいことですよね。このマリファナ様物質が、運動と関係しているのではないかと注目されたのです。血液中のマリファナ様物質の濃度を計測することができるようになったので、どのような運動条件で上昇するか、研究が進められています。

その結果、極めて興味深いことがわかりました。強度の高いランニング（つまり、速く走る）

とウォーキングではマリファナ様物質の濃度は上昇せず、スロージョギングのような軽いランニングでのみ著しく上昇することがわかったのです（レイチュレンたち／2013年）。

しかも、長時間走り続けないとランナーズハイは経験できないと思われているかもしれませんが、そんなことはありません。私たちの最近の研究では、20分くらいのスロージョギングでも、マリファナ様物質が出ることがわかってきました。

スロージョギングを始めると、とても楽しく走れることを実感していただけると思いますが、それは、こうした脳内物質が影響しているとも考えられます。

人類は昔から、狩猟をして生き延びてきたわけですが、それには走ることが必要な手段でした。過酷な狩猟に耐えられたのも、この体内で作られるマリファナ様物質のおかげだったのかもしれません。

コラム2　にこにこペースを厳密に測定するには？

にこにこペースを厳密に測定するには、どうすればよいのでしょうか？

にこにこペースは個人差が大きく、本来は個人ごとに処方箋を作成することが好ましいといえます。そのためには、さまざまなスピードでの走行後の乳酸を測定するか、呼気ガスを分析して、酸素摂取量と炭酸ガス排泄量を測定し、その量比から間接的に乳酸閾値を推定する方法が有効です。もちろん血中の乳酸を測定することがもっとも良いのですが、頻回に採血しなければならないため、研究ではいざしらず、医療現場ではもっぱらこの呼気ガス分析が使われています。

しかし、いずれも手間とコストがかかります。心臓病患者がリハビリテーションを受けるときに処方されるぐらいで、とても一般化されませ

図4-9 **運動負荷の増加に伴う心拍数・心音の振幅の変化**

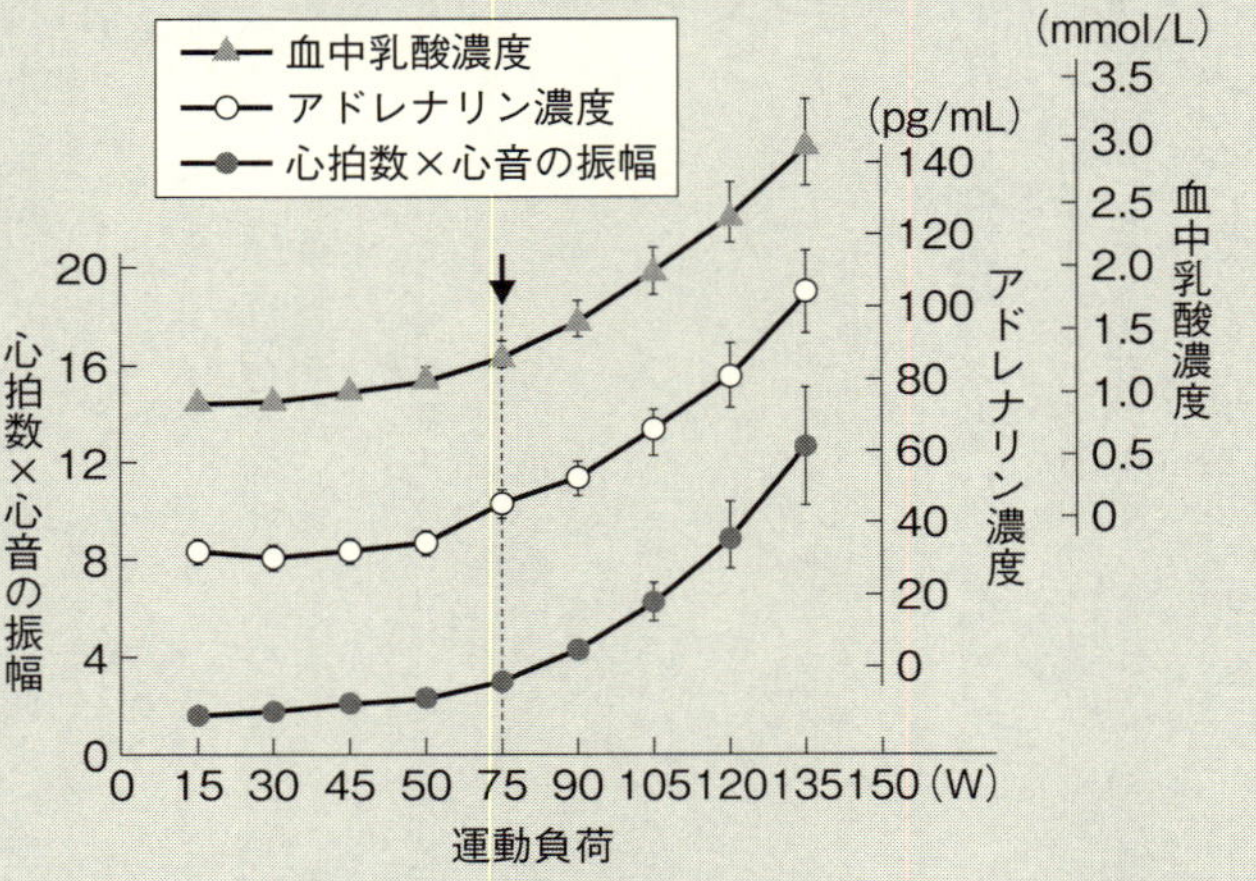

心拍数と心音の振幅の積と、血中アドレナリン濃度、血中乳酸濃度の変化を比較すると、ほぼ一致している。この図では、矢印で示した75Wの負荷で走っているあたりが、にこにこペースだとわかる。
(Tanaka.et al., *Circ J*, 2013より改変)

ん。

心臓リハビリテーションをおこなう病院さえ、コストの問題で簡易法を取らざるを得ないところが多いようです。

私たちはこれを解決すべく四半世紀にわたり研究を続けていますが、ようやく画期的な方法を考案することができました。それは心音と心拍数を測定して、心臓の負担度を正確に推定する方法です。乳酸と交感神経の興奮は表裏一体です。交感神経が興奮すれば心臓の負担度が増しますので、これも表裏一体といえます。しかし、仮説はずいぶん前に発想できたものの、心音は雑音との戦いでずいぶん苦労しました。それがついに完成しました。

胸に電極と心音センサーをつけ、運動負荷テストを受けるだけで、正確ににこにこペースを判定できます。図4－9に示したように、運動負荷に対する乳酸とアドレナリンの反応と心音と心拍数をかけた値はきわめて類似しています。従来法に比べ勝るとも劣らない精度ですが、コストと手間が飛躍的に改善できました。

現在、この方法を用いて山口県柳井市の高齢者全員を対象に呼びかけ、個別のにこにこペースに相当するスロージョギングスピードを判定し、それを基にスロージョギングで健康増進をはかる事業をスタートさせたところです。

第5章

マラソンへ向けたトレーニング

フルマラソン完走、サブスリーを目指す

スロージョギングから始めれば、初心者でも最短で３ヵ月あればフルマラソンを完走できます。ベテランランナーであれば、サブスリーも夢ではありません。それでは、レースに向けてどのようなトレーニングを積んでいけばよいのか、具体的に紹介していきましょう。

さあ、ここまでくれば、もうあなたもフルマラソンに挑戦できる準備は整いました。フルマラソンの完走は、そこまで高いハードルではないということがおわかりいただけてきたでしょうか。42・195㎞を完走するには、にこにこペースを保って走ればよいのです。

健康のためにと走り始めた方も、ご紹介してきた理論を理解いただければ、自分もフルマラソンを完走することができるかもしれない、と思い始めてきたのではないでしょうか？

「フルマラソン走ってみようかな」と少しでも思えたのであれば、ぜひ一度、挑戦してみてください。その達成感は挑戦した人にしか味わえないものですが、とても爽快で、自分の自信にもつながります。

最近はマラソンレースの人気がどんどん高まっています。東京マラソンは、応募者が年々増加し、2017年のレースには32万人を超える応募がありました。倍率はなんと12倍を超えます。エントリーしても出場できないことも多いですから、走るのに少し自信がついたら、まずは思い切っていくつか応募してみるのもよいでしょう。エントリーからレースの本番までは、たいてい数ヵ月ありますから、その間にレースに向けたトレーニングを積めばよいのです。レースがいい目標になります。

まったく走ったことがない方でも、3ヵ月あればマラソンを完走できる走力を身につけることができます。私は「ホノルルマラソンを完走しよう」と題した公開講座を10年以上続けています。7月から始まるのですが、それまでまったく走ったことがない中高齢者が何人も、12月のホノルルマラソンで感動のゴールを体験しています。中には70歳を記念して受講され、みごと完走した方もおられます。

以前からランニングを続けていて走り込んでいる方であれば、サブスリーを目指すことだって夢ではありません。自分のレベルに合わせて、レースの目標を立ててみてください。それではさっそく、レースに向けたトレーニングを始めましょう。

どれくらいの量を走り込めばよいか

初心者の方であっても、スロージョギングから始めて3～6ヵ月経てば、フルマラソンにチャレンジすることをおすすめします。いきなりフルマラソンを走るのは抵抗があるという方は、5km、10km程度の市民レースやハーフマラソンから始めてみて、徐々に距離の長いレースに挑戦していくのでもよいと思います。42・195kmは長い道のりですが、にこにこペースで1時間難なく走れるようになれば、フルマラソンを完走する体力はついています。

たとえば、まったく走ったことのない方でも、100mをスロージョギング、しばらく歩いて

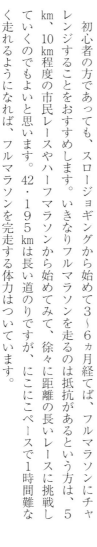

また１００ｍのスロージョギング、といったことを繰り返すことはできるはずです。それを数週間継続していくと、途中で歩くことなく連続してランニングができるようになります。

こうして、1日30〜60分、週にトータル１８０分以上の運動を３〜６ヵ月続けることができれば、もうしめたものです。距離にしてトータルで週に20〜30㎞のランニングを３ヵ月続けましょう。これで、フルマラソンを走る体力が十分に備わります。このとき、あなたのにこにこペース、つまりスロージョギングのスピードは、時速６〜８㎞になっているはずです。

一度、フルマラソンのレースを経験したら、次の段階は、週に40〜50㎞のランニングを続けることです。そして3時間30分を切る、あるいは、市民ランナーの憧れサブスリーを狙う人は、週に70㎞を目標にします。

基本の練習は、ゆとりを持って走れる「るんるんペース」でおこない、前回のマラソンレースの平均スピードと次のレースの目標タイムのペースでのトレーニングと組み合わせます。

すでに述べましたように、なんといっても余分の脂肪を落とすことが、記録向上の主役です。そのためにはるんるんペースで楽しく、走る距離を稼ぐことが得策です。

そして週2〜3回、次のマラソンの目標タイムの平均スピードで60分程度走る、または後述するインターバル・トレーニング（１０００ｍ×５〜10回）をおこなうことをすすめます。

目標タイムの設定方法

レースの目標タイムは、初めて走る方は、普段のにこにこペースのスピードで計算します。すなわち、にここペースでフルマラソンの距離を走りとおすように算出するのです。最初の1kmからまったく変わらず、一定のペースで走りきるように計画してください。

すでにマラソンを完走した方は、そのときより体重が軽量化できたならば、図5-1に示したように、減量の割合に応じて目標タイムを速くします。

たとえば70kgの体重のとき6時間で完走できた方が65kgに減量できれば、6時間×（65／70）＝5・57時間、すなわち5時間34分を目標タイムにします。

あるいは、持久的体力である最大酸素摂取量が10％上

図5-1　マラソンの目標タイム　算出方法

減量できた場合の目標タイム

一度レースに出場したことがある人は、以下の式に当てはめて目標タイムを設定する。

フルマラソンの実績タイム × 現在の体重 ／ 実績タイムを出したときの体重 ＝ 今回の目標タイム

昇したとすると40分ほど速く走れます。確実に体力が高まったと思えたならば、その分速いタイムを設定してみてもいいでしょう。

レースにおいて、一定ペースで走ることはとても大切です。トレーニングを積めば適度なペースを維持できるようになります。たとえば、距離表示がある道や1周の距離がわかっている公園などのランニングコースで、タイムを測りながらトレーニングするといいでしょう。

また、スマートフォンのランニング用のアプリケーションがいくつも配信されていますが、そうしたアプリやランニング用の腕時計を使うと、1kmごとのペースやスピードなどを教えてくれますし、記録が残るのでとても便利です。

トレーニング・メニュー

これまでまったく走ったことがない方に、マラソン完走までの具体的なメニューを示しましょう。

まず、朝10分早起きして、ランニングを開始します。理由はあとでお話ししますが、走るのは、朝食の前にしてください。

要領はいたって簡単です。準備運動もいりません。ランニング中の着地はもちろんフォアフットです（72ページ、図2－3参照）。フォアフットで着地する感覚を忘れないように、まず、毎回その場の足踏みとその場でのジャンプを一通りおこない、動きを確認してください。

そして、ふだん歩く速さか、それよりもゆっくりのペースで走りはじめます。

最初の歩幅は、シューズの長さの半分ぐらいにします。イメージとしては「麦踏み」です。1分間で40～50m進むぐらいです。想像よりもかなりゆっくりしたペースに感じると思いますが、最初はそのピッチをきちんと確認してください。

15秒間で45歩以上です。蹴る意識が強いと、それだけの歩数になりません。脚の力に頼って蹴り上げると、無駄な動きが増えて効率も悪くなります。ボールがはずむように、地面からの反発力を使って前に進んでください。着地したら、すぐに太ももを引き上げるように意識します。このとき、膝を高く引き上げないように、あくまでも自然に脚を動かしてください。

このスピードで楽々走ることができれば、少しずつ歩幅を伸ばしていきます。表2－1（63ページ）の主観的強度を目安に、指数が10～12になるスピードを持続します。こうして5分走ったら折り返します。まずは、毎朝10分走ることから始めるのです。

毎日これをできるだけ繰り返します。そうすると、はじめ1分間に進む距離が40～50mであっても、主観的強度、キツさが変わらないのに、いつの間にかその距離が70～80mに、そして１０

0～120mにと伸びていくことでしょう。

もちろんできない日があることは百も承知なので、どうしても走れない日があっても気にしなくて大丈夫です。気楽にやることも、続けるポイントです。こうして2～3週経ったら、同じ速さで、週末に30～60分の持続走を追加します。

どこで走るべきか？

ランニングは、場所を選ばずどこでもできる点がミソです。短い距離を繰り返し走るのであれば、家の中ですら可能です。まずは近所で車の少ない通りを選び、1～2㎞の周回コースを定めましょう。毎日走るのですから、できれば飽きないように複数のコースを設定してみてください。

ランニングの習慣ができれば、1回にまとめて5～10㎞走れるようになります。走りたくなる環境の公園が全国にたくさんありますので、そうした場所をうまく活用することをおすすめします。

ちなみに、大阪には府営の公園が20ヵ所ほどありますし、東京にも公園はとても多いです。私

はとりわけ代々木公園、井の頭恩賜公園、駒沢オリンピック公園、小金井公園といった公園を好んで利用しています。どの公園もランニングに最適の環境です。週末には知らない街に出かけて、スロージョギングしながら観光するのも楽しいです。

また、各地にランナーが集まる人気のコースがあります。そのような場所には、着替えやシャワーのできる設備があり、荷物も預ってくれるランナーズステーションがあるので便利です。そういったところへ出かけて走ると、思わずランニング距離が伸びることでしょう。次第に距離が伸びていき、普段、電車や車でしか行ったことのない場所に、自分の足で行けるようになると、新鮮で達成感も得られるはずです。

外で走っても、ジムのランニングマシーンで走っても、トレーニング効果には差はまったくありません。ランニングマシーンには速度計がついているので、一定のペースで走るトレーニングには便利です。メリットを活かして使い分けてください。

インターバル・トレーニング

ランニングの間に、超スロージョギングを挟むインターバル・トレーニングもおすすめです。

ランニングは一定スピードで走りますので、マンネリ化して飽きやすいのですが、インターバル・トレーニングはいいアクセントになります。

具体的には、次に狙うマラソンレースの目標タイムの平均スピードで1000m走り、その後、ゆっくり500〜1000m走ることを5〜10回繰り返します。

このスピードですと乳酸閾値をわずかに上回る負荷がかかり、トレーニング適応（69ページ参照）が起こる刺激になります。この方法で、身体のエンジン性能が高まり、なおかつ次のレースのペースを身につけることができます。一石二鳥のトレーニング方法です。

ほかには、200〜300mの坂道ダッシュをして、その後しっかり休む（4〜5分）ということを4〜6回繰り返すトレーニングもあります。このようなトレーニングは走行距離がきわめて少ないのですが、一定ペースで1時間以上走るトレーニングと同等の効果が得られることがわかってきました。

トレーニングを続けて膝が痛くなってしまう方は、おそらくかかと着地で走っているものと思われます。そのときはまず、走り方を改めて確認してください。着地はフォアフットでできていますか？　もしあまりにも膝の痛みがひどいときは、走るのをやめ、しばらく自転車や水泳などでトレーニングするようにしてください。

ランニング能力を上げる食事

普段の食事は、基本的に「低炭水化物・高脂肪食」を心がけます。炭水化物を減らすことで摂取カロリーを簡単に抑えられますし、さらに、低炭水化物食でトレーニングすると、脂肪を走るエネルギーとして使う能力が高まるからです。

「低炭水化物・高脂肪食」とは、炭水化物が総エネルギー摂取量の30％、脂肪が50～60％程度のものです。たとえば1日２０００kcal摂取したとすると、炭水化物からの摂取カロリーは６００kcal、これはご飯にして1日トータル２膳半ぐらいです。レース数日前からは高炭水化物食（炭水化物が総エネルギー摂取量の60～70％）としますが、それについてはあとで述べます。

1日に摂取するタンパク質は、体重1kgあたり1・5g以上とします。魚と大豆のタンパク質を中心にし、肉は脂身の少ないヒレ肉（ただし、同じヒレ肉でも和牛は脂肪が多いので注意）、鶏のささみなどがいいでしょう。魚は、低カロリーの近海魚（タイやヒラメなど）、イカ、タコ、貝類がおすすめです。そしてミネラルが豊富に含まれるのり、ひじき、もずくなどの海草類を積極的にとります。野菜もたっぷり、とくにビタミン・ミネラルリッチな色の濃いものを豊富にしましょう。温野菜、たとえば野菜のしゃぶしゃぶなどにするとおいしく、たくさん食べられます。

動物性脂肪は飽和脂肪酸、またマーガリンはトランス脂肪酸を多く含み、これらの脂肪酸を多くとると悪玉コレステロール値が上がりやすいので、できるだけ避けましょう。同じ油でも不飽和脂肪酸を多く含むオリーブオイルや植物油を使うようにしてください。魚の油も身体によい不飽和脂肪酸を含みます。

デザートは、カロリーを抑えてビタミンを摂取するためにも果物にしましょう。どうしても甘いものを食べたい方は、小さな和菓子1個にし、お茶を楽しんでください。

手っ取り早くタンパク質を補給するためには、プロテインサプリも有効です。また、アミノ酸のサプリもさまざまな種類のものが発売されていますが、とりわけ体内で合成することができない必須アミノ酸のうち、ロイシン、イソロイシン、バリンは「分岐鎖アミノ酸」といって、走る直前に摂取すると筋肉の分解を抑えることがわかっており、筋肉の損傷を防いでくれます。5g程度摂れば十分です。

食後のトレーニングは控えめに

トレーニングはいつどんなタイミングでおこなってもよいのですが、原則として、食前におこないましょう。もし食後にトレーニングする場合は、食べ終えてから2時間以上経ってからがよいでしょう。食後すぐの場合は、ゆっくり走る「るんるんペース」に限ります。

食後は、消化吸収のために内臓に多くの血液を分配しなければなりません。最大酸素摂取量の40％程度の軽運動までは内臓血流量は保たれていますが、その強度を超すと、内臓への血流量が減少していきます。したがって、強い運動は厳禁です。

朝食を食べ終わってすぐに歩いて通勤する人も多いと思いますが、歩くのは軽運動ですので問題ありません。同様に、にこにこペースよりも遅いスピードのるんるんペースならば、走ってもよいことになります。

糖尿病の方は、治療のため食後30分ぐらいの血糖値の高いときに運動をするよう医師からすすめられることがあるかもしれませんが、そのときはランニングスピードに十分気をつけ、るんるんペースに徹してください。

早朝・空腹トレーニングのススメ

一流ランナーは、必ず早朝の空腹時にトレーニングをおこなっています。フルマラソンを目指しているランナーは、多いときは早朝から30㎞を走るそうです。

空腹時にそんなに走れるものか、と心配する人も多いかもしれません。実際、ある選手に早朝のランニングをすすめたところ、「おなかがすいて走れません」と腰が引けた返事でした。私が「そんなことはありません。何も食べなくてもフルマラソンだって走れますよ」と押し返すと、数日後に「田中先生、走れました！」と報告がありました。みなさんも試してみれば、空腹でもランニングできることはわかると思います。

なぜ早朝の空腹時にトレーニングするのがいいのか。それには運動生理学の視点から考えると、大きなメリットがあることがわかります。

まず、血糖値が高くなるとインスリンが分泌され、糖の利用が促進されますが、このインスリンには脂肪の分解を抑制する作用があります。早朝空腹時はこのインスリンが低濃度であり、脂肪の分解が促進されている状態です。さらに空腹時の運動は、脂肪分解を促進するアドレナリン

の分泌量が増すことが知られています。

つまり、早朝の空腹時にランニングをすれば、より選択的に脂肪をエネルギー源として利用でき、脂肪の燃焼能力の向上効果が期待できます。

脂肪を使う能力を高める

にこにこペース、すなわち乳酸閾値のランニングスピードの速い人ほど、マラソンを速く走れます。乳酸を溜めずに走る能力は、4章でお話ししたように脂肪を使える能力に依存します。つまり、脂肪を使う能力が高い人ほど、乳酸を溜めずに走れるようになるわけです。マラソンのような長時間運動での疲労の原因はグリコーゲンの枯渇ですから、代替エネルギーである脂肪を使えれば、グリコーゲンを節約でき、パフォーマンスが向上することになります。

脂肪を使う能力は人によって異なり、その能力はミトコンドリアの機能に依存します。ミトコンドリアには糖の酸化を妨害し、脂肪の酸化を助長させるＰＤＫというタンパク質が存在するのですが、これが豊富だと脂肪を使える能力が高まります。

最近の興味深い研究では、断食したり超低栄養食を摂取したりすると、筋肉中のＰＤＫが増え

るということがわかってきました。骨格筋が脂肪酸にさらされると、ＰＤＫタンパクを合成するメッセンジャーＲＮＡ（ｍＲＮＡ）が増えます。このｍＲＮＡを「ＰＤＫｍＲＮＡ」と呼びます。

早朝に食事をとらずに運動した場合と、直前に糖分を摂取した後に運動した場合のＰＤＫｍＲＮＡの発現量を比較した研究があります（オーストラリア・クルバートンら／２００５年）。早朝に空腹状態で運動すれば、血液中の脂肪酸濃度は高まります。一方、糖分を摂取すると脂肪の分解を抑制するインスリンが過剰に分泌されますから、血液中の脂肪酸濃度は極めて低くなります。

直前に糖分を摂取したあとに運動した場合はＰＤＫｍＲＮＡの発現はありませんが、空腹での運動後にはＰＤＫｍＲＮＡが顕著に発現しています。このような刺激が、脂肪を活用できる能力を高めることになるに違いありません。

また、空腹でのトレーニングと糖分を摂取したあとのトレーニングの効果を比較した報告もあります（ベルギー・プローエンら／２０１１年）。それによれば、空腹でのトレーニングが脂肪酸化能力を高め、乳酸を溜めず疲れずに走り続けられるということなのです。こうした研究からも、早朝、空腹でのトレーニングが効果的といえます。

「低炭水化物食で1日おきのトレーニング」ならダブル効果？

炭水化物（糖質）をあまり摂らない食事をしていれば、脂肪の燃焼能力が高まるのではないか、という考え方もあります。

実際そのとおりで、たとえばたった1週間というわずかな期間でも、炭水化物を減らした「低炭水化物・高脂肪食」で生活してトレーニングをすると、明らかにランニング中に脂肪をよく燃焼できる身体になることがわかってきました。低炭水化物・高脂肪食下でのトレーニングでは、運動中のグリコーゲン（炭水化物）が3割も節約できることが明らかになっています（オーストラリア・ヤオら／2008年など）。

さらに、エネルギー源として炭水化物が利用しにくい状態で筋肉が収縮すると、代替エネルギーである脂肪を使う能力が高まることを示唆する研究も出てきました（デンマーク・ハンセンら／2005年）。

その実験方法を紹介しましょう。まず1日目、両脚の膝伸展運動を1時間続けました。その後、片脚だけさらに1時間のトレーニングをしました。翌日は、1日目に1時間の運動をした片

脚のほうだけ1時間のトレーニングをおこない、もう一方の脚は休息させます。このようにして、片脚は毎日1時間のトレーニング、もう一方の脚は1日おきに2時間のトレーニング、ということを10週間継続し、それぞれの脚のミトコンドリア機能を調べました。

脂肪はミトコンドリアの中で酸化されエネルギーを供給しますが、その過程の酵素の活性が高まると、より積極的に脂肪が燃焼され、その代謝産物が糖の分解を抑制することがわかっています。つまり、ミトコンドリア機能が高まるということは脂肪を使う能力も高まることを意味するのです。

結果として、どちらの脚もミトコンドリア機能は高まりましたが、1日おきにトレーニングしたほうがより向上しました。一定負荷の脚伸展運動を疲労困憊までおこなう能力は両脚とも向上しましたが、1日おきのトレーニングのほうがおよそ2倍長く継続できたのです。

また、この効果は自転車競技の選手のトレーニングでも証明されています（ヤオら／2008年）。その実験でわかったことは、毎日トレーニングするより、2日に1回まとめて2日分をトレーニングし、次の日を休んだほうがよいということです。

こうした研究から考えると、低炭水化物・高脂肪食にしたうえで、1日おきに2日分まとめてトレーニングするのが有効といえるかもしれません。

室内でできるトレーニング方法

ランニングは毎日続けるに越したことはありませんが、気楽に続けるのがいちばんです。寒い冬や暑い夏など、外でランニングするのに気が進まない日もありますし、雨が降って、走りたいのに走れない日もあります。このような場合には、室内でも簡単に運動ができます。

定量的な負荷が与えられる自転車エルゴメータ（エアロバイク）やランニングマシーンがもっとも好ましい運動機器ですが、自宅にある人は少ないでしょうし、ジムに行けない日もあると思います。そんなときは先のサラリーマンを対象にした実験（１０８ページ参照）のように、オフィス内でもこまめに走ることができれば、外を走らなくても簡単に減量のためのトレーニングができます。

そうした運動以外にも、スロージョギングに相当する運動がいくつかあるので、室内で実践できるおすすめのトレーニング法をご紹介したいと思います。慣れれば、家の中でテレビを観ながらおこなえます。

1・ステップ運動

まずは「ステップ運動」です（図５－２）。これは、高さ20㎝の台を、昇り降りするというシンプルな運動です。

学校でおこなった踏み台昇降運動を思い出してください。これは片足で体重を支える運動なので、走るのに必要な筋肉群を鍛えることができ、さらに走るのと同じくらい心肺機能を高める効果もあるトレーニングです。

まず、高さ20㎝ほどの台を用意します。右足から上がったら右足から降り、次は逆の左足から上がり左足から降りる、というように交互に繰り返します。台に上がったときは、膝をしっかり伸ばしてください。１分間に40～１２０ビートを刻むメトロノームに合わせて、４ビートで片足１回の昇り降りをします。たとえば60ビート／分の速さなら、４秒に１回の昇り降りです。40ビート／分で昇り降りすれば３メッツ、60ビート／分で４メッツ、80ビート／分で５メッツ、１００ビート／分で６メッツ、１２０ビート／分で７メッツの運動に相当します。

これを10～30分間、継続しておこなってください。

図5-2 ステップ運動

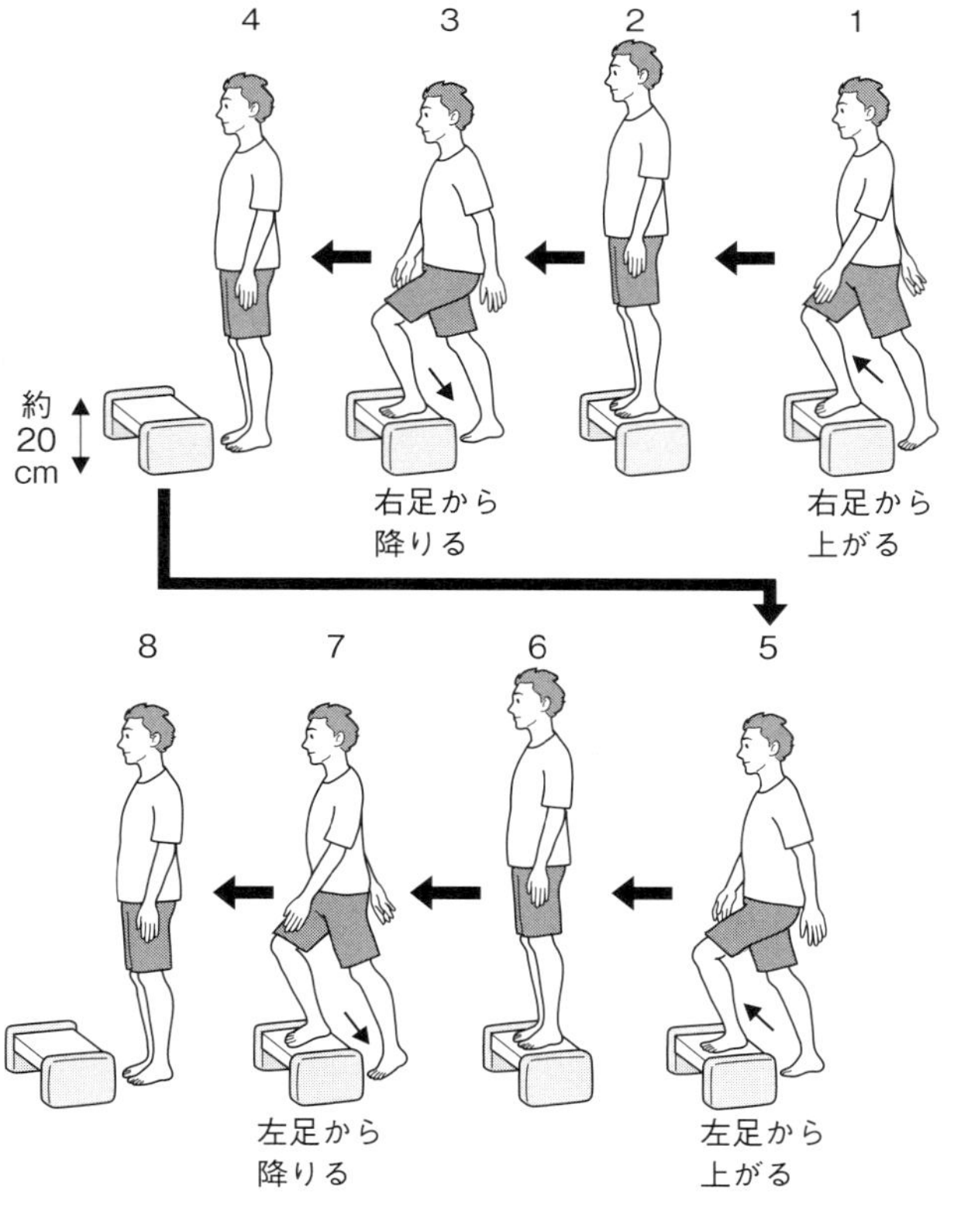

台に上がったときはしっかり膝を伸ばす。4秒に1回の昇り降りをするくらいが目安。左右の足の昇り降りをして8秒。10〜30分間続けておこなう。

※室内でできるトレーニングのポイントは、以下から動画でご覧いただけます。
http://bluebacks.kodansha.co.jp/special/running

ステップ運動をすれば、持久力と筋力の向上が期待できます。平均年齢74歳のボランティアの方々に協力してもらい、ステップ運動をしたグループ（トレーニンググループ）と何も運動をしなかったグループの2つにわけて、12週間のトレーニングをしてもらいました。トレーニンググループは週1回の教室に来てもらって30～60分運動し、あとは家で各自でおこなってもらいました。おすすめは朝昼晩の食事の前に10分おこなうこと。それで週にトータル150分を各自で目指してもらいました。

その結果は予想どおりで、トレーニンググループでは乳酸閾値が明らかに上昇しました。乳酸閾値が上がったというのは、第2章でも述べたように、最大酸素摂取量が上昇、乳酸を蓄積することなく運動できる強度が上昇したということです。

また、大腿の伸展パワーも大幅に伸びました。これは、太ももの筋力が強化されたということです。

開始6週目には、被験者の方から笑顔でこんな報告もありました。「膝が痛くて毎週病院で痛み止めを打っていたけれど、まったく痛くなくなり、薬がいらなくなった」とのことです。そこで、その後、痛みの訴えと改善度を調べてみました。結果は、膝の痛みを訴える人のじつに87％で痛みが軽減しました。

ステップ運動では、台の上で大腿の前面と後面の筋肉が同時に収縮し、膝を固定します。このような筋収縮で関節を保護する筋群の筋力が高まったため、膝の痛みの軽減につながったと推測しています。

2・スロージョギング&ターン

もう一つおすすめが「スロージョギング&ターン」です。これはまったく私たちの創作運動です。こちらもごく簡単で、室内で2mから5mの間隔をとり、この間を1分間に20往復します。1秒間に3歩進み、3秒目にターン。ターンの向きは左右交互におこなってください（図5-3）。

ターン時はスピードの減速と加速がありますので、長い距離をまっすぐ走り続けるだけよりも、余計にエネルギーを消費します。30～60分ほど続けましょう。「1分間走って30秒歩く」を繰り返す方法をおすすめします。

これについて、私の研究室の博士課程の学生だった畑本陽一君がターンのエネルギー消費量を計測することに成功しました。そのエネルギー消費量は、想像以上に大きかったのです。

幅2~5mの間隔を1分間に20回おこないます。2mの間隔（時速2・5km）でおこなえば、およそ時速6kmのスロージョギングに相当し、0・5m間隔が長くなるにつれておよそ時速1km速くなります。

部屋の中で楽々トレーニングできるようなものです。

私はとくにサッカーの試合をテレビ視聴するときに、好んでスロ

図5-3 **スロージョギング＆ターン**

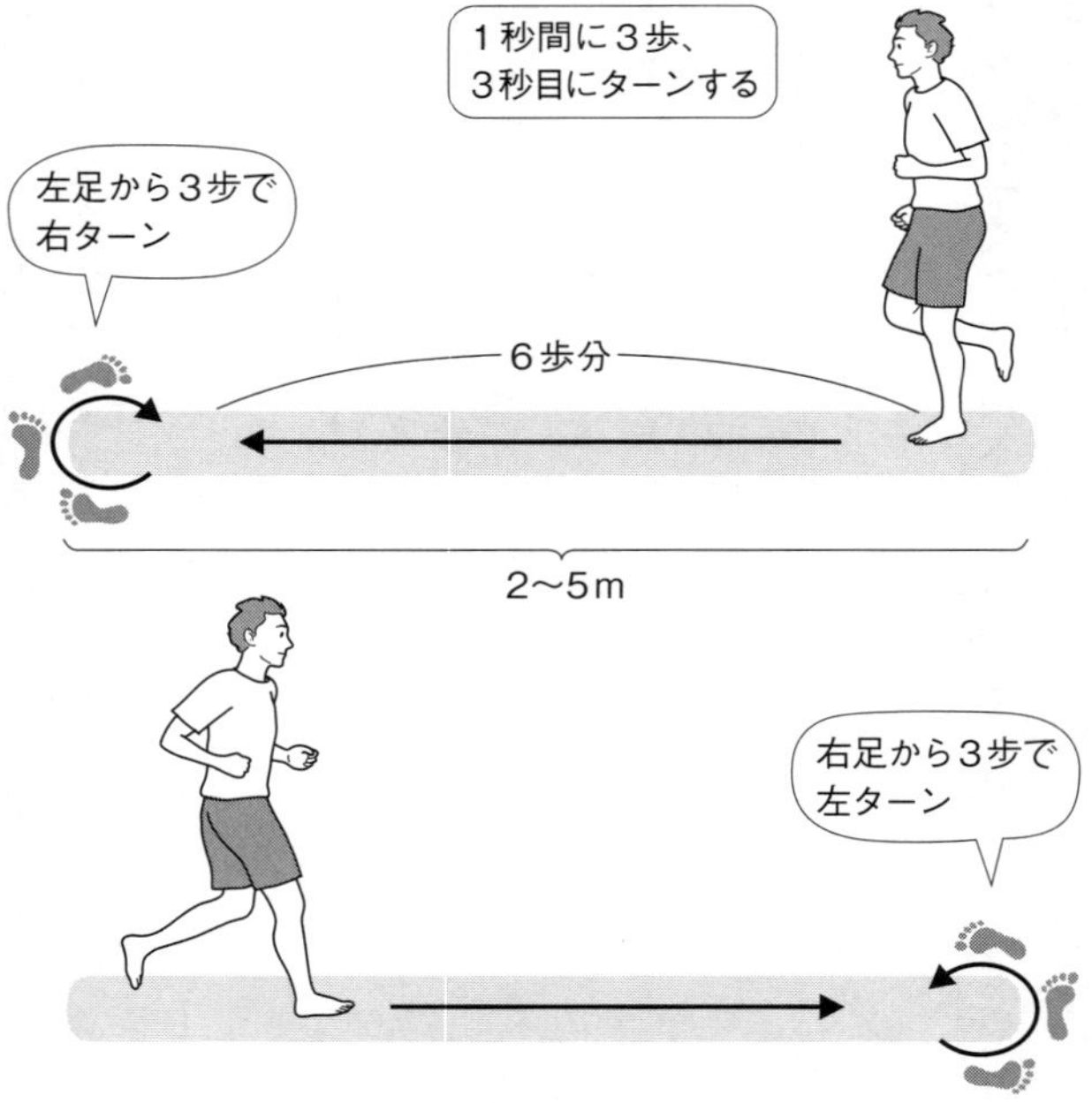

室内で行えるトレーニング。1分間に20往復する。足腰を痛めている場合には、ウォーキングとターンの組み合わせでもよい。

ージョギング&ターンをおこないます。するとサッカーのゲームに参加しているような感覚になれるのでおすすめです。

ターン運動をおこなうと、ウォーキングでもスロージョギングに匹敵する運動負荷になります。たとえば３ｍ間隔を時速４kmでウォーキングとターンをすると、時速６kmのウォーキング、時速４kmのスロージョギングに匹敵します。体力に自信のない方は、時速３kmのウォーキングスピードでも最大酸素摂取量を高める運動負荷になります。

また足腰を痛めた場合には、衝撃の少ないウォーキングでターンをすれば、もってこいの代替運動になります。こちらは「スローウォーキング&ターン」と命名しました。

３・ももあげ運動

どこでもできて、ランニングに相当するトレーニングとしては、立ち姿勢でおこなう「ももあげ運動」も有効です。

先にも紹介した『Born to Run』の著者マクドゥーガルが、19世紀後半に長距離チャンピオンとして活躍したＷ・Ｇ・ジョージの「１００ＵＰ」を紹介していますが、これはまさにももあげ

運動です。彼は16歳のとき化学実験助手として朝7時から夜9時まで働かなければなりませんでした。

　そこでわずかな時間にトレーニングできる「100UP」を考案したというのです。

　まず、肩幅の広さで立ちます。そして太ももを腰の高さまで上げ、そのままもとの位置に戻しま

図 5-4　ももあげ運動

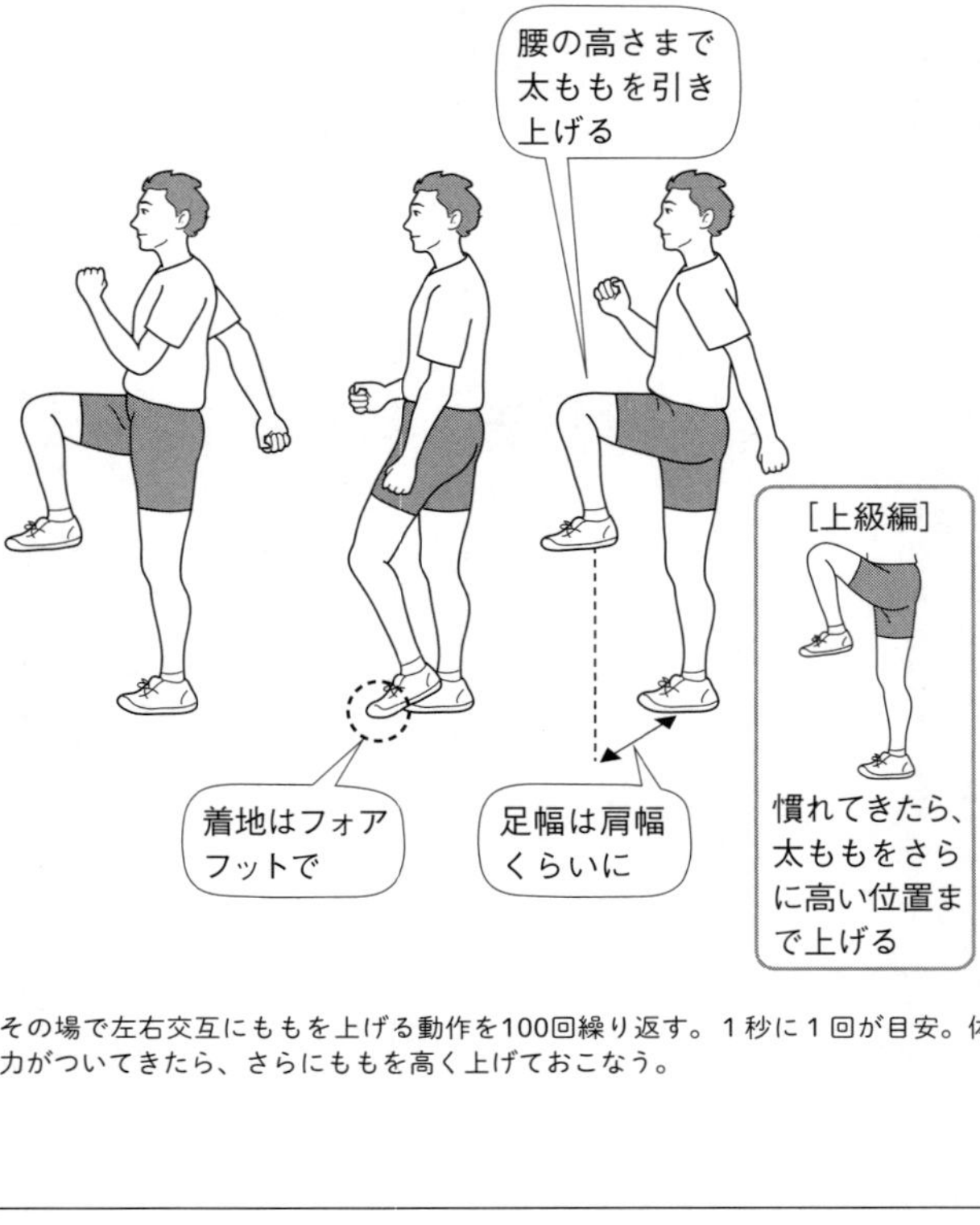

腰の高さまで太ももを引き上げる
着地はフォアフットで
足幅は肩幅くらいに
[上級編]
慣れてきたら、太ももをさらに高い位置まで上げる

その場で左右交互にももを上げる動作を100回繰り返す。１秒に１回が目安。体力がついてきたら、さらにももを高く上げておこなう。

す。

着地は足指の付け根、フォアフットです。これを左右交互で１００回連続します。目安は1秒で片脚の上げ下ろしを1回。慣れてきたら少し速くして自分のペースでおこないましょう。

うまくできるようになったら、太ももを地面と水平の角度からさらに30度くらいまで上げるようにして、20回連続します（図５－４）。これも慣れてきたら、さらに回数を増やし、１００回連続しておこないます。ジョージはこの運動をトレーニングとし、チャンピオンになったということです。

大腿部をおよそ30度上げる「その場駆け足」で、運動強度は5〜6メッツです。少し高く引き上げる（およそ60度上げる）で7〜8メッツほどになりますから、ちょっとしたランニングと同じ負荷がかかります。

「１００ＵＰ」では、太腿を地面と垂直の90度まで上げるよう推奨していますが、その場合はなんと15メッツ強度を超えます。これは、エリートランナーを目指す人向きでしょう。ランニング初心者であれば、90度まで上げなくても、その場駆け足で構いません。

「ももあげ運動」であれば、場所を選ばず、わずかな時間でもできます。仕事の合間に1分間ずつ頻繁におこなう（たとえば30分ごとに2回）ことができれば、結構なトレーニングになります。

ここで紹介した室内でのトレーニングをうまく取り入れながら、楽しくランニングを継続してください。

どの大会に参加するか？

初心者の方に「おすすめのマラソン大会はどれですか？」と訊かれることがよくあります。これは大変難しい質問です。どの大会も持ち味があり、甲乙つけがたいのです。

ランニングのブームとともに、レースの数も増え、日本全国で開催されているフルマラソンの大会は、１００を超えています。大会によっては、途中のエイドステーションで、地元の特産品をふるまうものなどもありますし、それぞれの大会の特徴を調べて、自分に合ったものを見つけてみてください。

ただ、初心者に人気があるレースを挙げると、いぶすき菜の花マラソン（鹿児島県）、青島太平洋マラソン（宮崎県）、かすみがうらマラソン（茨城県）、つくばマラソン（茨城県）といったところでしょう。

また、海外ではありますが、参加できるのであればおすすめは初心者大歓迎のホノルルマラソンです。日本の大会はどれも抽選あるいは先着順で出場権を得るのが大変ですが、ホノルルマラソンは前日の夕方まで申し込み可能で、参加人数の制限はないので誰でも走れます。しかも制限時間はないに等しいレースです。

第6章

レースのコンディショニング

レース直前からレース後の注意点

レース直前のトレーニング、グリコーゲンローディングの方法など、さまざまな情報があふれていますが、何が正しい方法なのでしょうか？　科学の視点から考えると、その答えが見えてきます。最大のパフォーマンスを発揮するために必要な対策をまとめました。

フルマラソンを完走できる体力が整ったら、いよいよレースに出場しましょう。もうあなたには、42・195㎞を完走できる下地はあるのですから、練習のときに身につけたことを守れば、心配はいりません。

ただ、初めてレースに出場すると、緊張したり、頑張りすぎてしまったりして、実力を出し切れない人も多くいます。

せっかくのレースなのに、そうした失敗をしてしまってはもったいないので、本章では、より良いパフォーマンスをするために必要なポイントをお伝えしたいと思います。実力を出し切って、楽しんで走るにはどうすればよいのでしょうか？　レース前、レースで走っている最中、ゴールした後に気をつけるべきことはなにか、お話ししていきましょう。

ハードな練習は避ける

レースの1ヵ月ほど前になってから一生懸命トレーニングする方が多く見受けられます。決して悪いことではないのですが、一つだけ気をつけるべき点があります。それは「筋肉を痛めない」ということです。

たとえば過剰なスピード練習をして、坂道、とくに下りを走るなどというのはよくありません。坂道では傾斜があるので大股になり、着地するときに太ももの前面の筋肉などが引き伸ばされます。筋肉は引き伸ばされると次の瞬間、反射的に収縮しますので、このときの負荷によって筋肉が損傷する可能性があります。強い負荷がかかる練習は避けてください。

筋肉を痛めてしまうと、修復するのに1ヵ月ぐらいかかりますし、糖が使われるため、マラソンのレース中に大切なグリコーゲンを筋肉中に備蓄できなくなります。筋肉の損傷といっても、肉離れのようなハッキリした症状が出るものではなく、ほとんど無自覚のことが多いです。

このようなことから、レース1ヵ月前になってからの練習は、次に狙うマラソンの平均速度か、1kmのラップでいうと、その平均速度より10秒速いスピードまでにとどめるべきだと私は考えています。坂道は避け、平地でのトレーニングにしてください。

レース1ヵ月前からは、体力を高めることはあきらめ、マラソンを走る準備期間と考えるべきです。

また、レース当日に疲れを残さないことも大切です。レースの1~2週間前になったら、いつもよりトレーニング量を減らしてもよいくらいです。1週間前からは、疲労を完全に取り去ることに集中したほうがよいでしょう。

もし筋肉を痛めてしまったら、レース前でも走る練習はストップしましょう。万が一レース当日になっても痛みが残っていたら、参加は取りやめたほうがよいです。

低ナトリウム血症に注意

毎年4月におこなわれているボストンマラソンは、年齢別に定められた記録（たとえば18～34歳の男性は3時間5分、女性は3時間35分、65～69歳でも男性が4時間10分、女性が4時間40分）を上回らなければ出場できないのですが、世界でもっとも古い歴史があるため、市民ランナーの憧れの大会です。

この憧れのマラソン大会で、２００２年、28歳の女性ランナーが突然死を起こしました。原因は、低ナトリウム血症です。これは、血液中のナトリウム濃度が低下し、体内のナトリウム量に比べて水分量が多すぎることで起こります。簡単にいえば、水分の取りすぎが原因です。低ナトリウム血症は、マラソン中の突然死でもっとも多い死因です。

初期症状としては、倦怠感、頭痛、吐き気などが出て、重度になると痙攣や意識障害が起こり、突然死に至ってしまうのです。

奇しくもこのときの大会で、大々的に低ナトリウム血症について調査している研究者がいまし

た。アメリカのアルモンドたちは、出場ランナー488名を調査していましたが、そのうち62名ものランナーが低ナトリウム血症だったということです。

とくに4時間以上かかったランナーや、痩せ型のランナーで発症が高くなっていました。

この結果をもとに考えると、日本のマラソン大会は制限時間が緩く、4時間以上かかるランナーが大半ですし、日本人は痩せ型が多いので、相当数が低ナトリウム血症になる可能性があると推測できます。

長時間かけて走ると給水のタ

図6-1　水分を取りすぎた人ほど低ナトリウム血症のリスクが高い

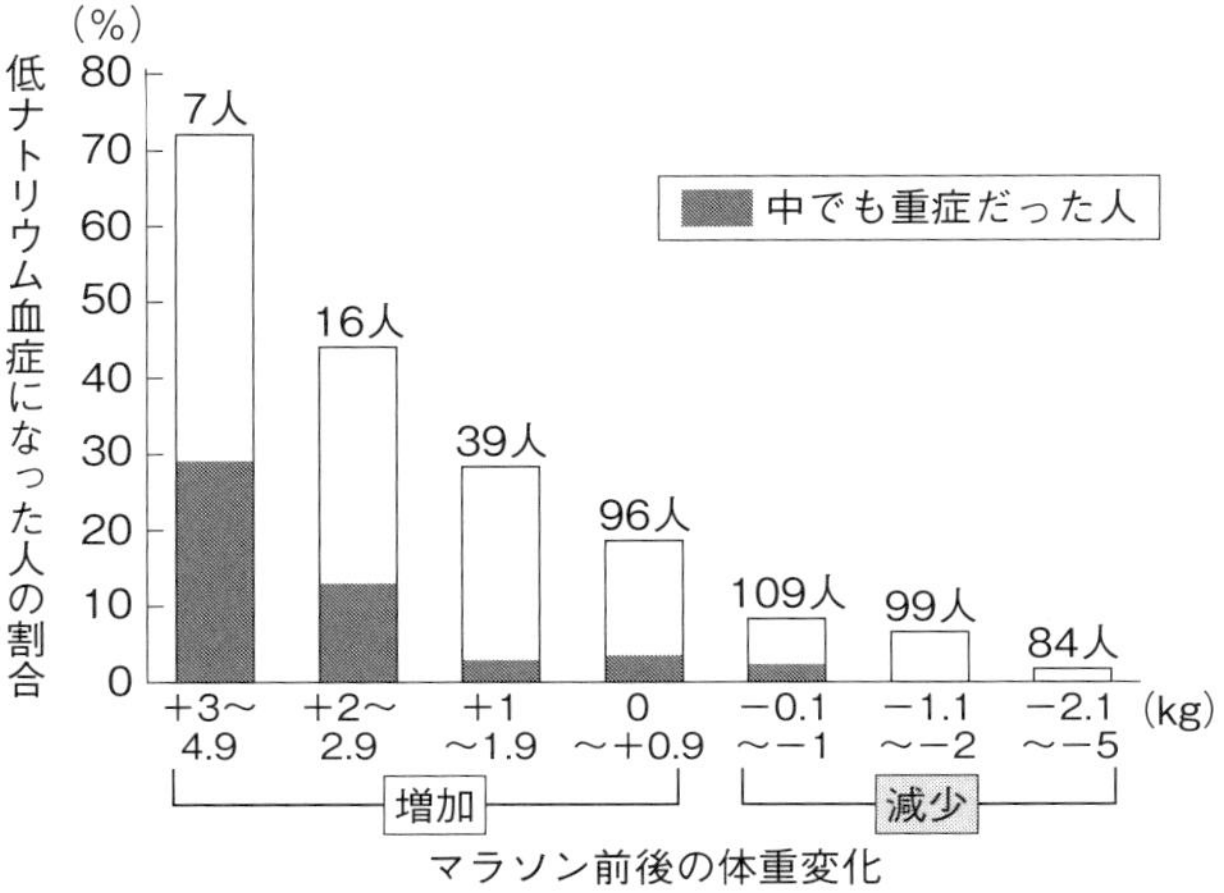

レースの前後で体重を測り、体重の増減量ごとに低ナトリウム血症の発症率を出した。スタート時より体重が増えるほど（水分を取りすぎている人ほど）、低ナトリウム血症を発症しやすいことがわかる。

（Almond et al., *N Engl Med*, Vol352:1550-1556,2005より改変）

イミングも増えますし、痩せ型の人は大柄な人と比べて同じ量の水分を摂取した場合、低ナトリウム血症になりやすいのです。

運動時に消費されるエネルギーは、7割程度が熱産生なので、ランニングをしていると体温が上昇し、とくに高温下では熱中症になる危険性があります。したがって、走行中に水分を補給することは非常に大切です。しかし、この研究結果から想定されることは、喉が渇くからといって、給水地点ごとに水を飲むと、飲み過ぎて低ナトリウム血症になりかねないことです。

では、いったいどれだけの水分を補給したらよいのでしょうか?

アルモンドたちはレース前後に体重を測り、その増減と低ナトリウム血症の関係を見ています(図6-1)。低ナトリウム血症の発症率は、見事に体重変化と関係しています。すなわち、体重がスタート前よりも重くなればなるほど発症率が高くなるのです。

逆に、体重がスタート時より1kg以上減少したランナーで、重症の低ナトリウム血症になった人はいませんでした。

体重が1kg以上減ったランナーは全体の4割にものぼり、エリートランナーが主体です。その一方で、レース後に4kgも5kgも重くなっているランナーがいるわけです。

水分補給はどれくらいが適量？

マラソンのテレビ中継を見ていれば気づかれると思いますが、よほど暑い夏の大会でない限り、レースの前半は、ほとんどの選手は給水地点で水分を取りません。その理由は、トレーニングに適応して体温調整能力が高いことが一つですが、経験の差もあろうと思われます。

給水地点ごとに水分を摂取すれば、当然そのときにスピードダウンせざるを得ません。スピードの上げ下げは、余分なエネルギーを消費します。そのため、エリートランナーは練習で10～20kmを水分摂取なく走れる経験を繰り返していると推察されます。私自身は、給水地点ごとに少量飲むようにしていて、マラソン終了後は常に体重が数kg減少しています。

つまり、水分摂取はたしかに重要ですが、市民ランナーは取りすぎです。おそらく給水地点ごとに、小休止をかねてしっかり水分補給しているのでしょう。「水を取らないと脱水症状になる」と心配している人も多いですが、取りすぎるのも危険なのです。

夏場はもちろん脱水に気をつけなければいけませんが、冬場のレースでは、のどの渇きを感じる前から無理に飲む必要はありません。

レース1週間前に10～15kmほどの距離を水分摂取せずに走って、その前後で体重がどれだけ減少するか測定してみてください。その体重減は、ほぼ水分の喪失によるものですので、走るときの水分摂取量は、レースの距離に換算したその喪失量未満に抑えるようにします。それがレース中に必要な水分摂取量ですから、事前に確認しておきましょう。

スポーツドリンクにはナトリウムが入っていますので、低ナトリウム血症を防げそうですが、アルモンドたちの研究では否定されています。その理由として、彼らはスポーツドリンクのナトリウム濃度は、生理食塩水に比べて5分の1と低すぎるから、としています。

42・195kmの長い道のりを走り切るには、水分と糖分の補給をうまくおこなうことが大切です。しかし、とにかく水分の取りすぎには注意しなければなりません。

好成績を出す「ある秘訣」

「フジヤマのトビウオ」と称された水泳の古橋広之進選手をご存じでしょうか。

戦後の食料難の時代に自由形で20回以上も世界新記録を更新し、大活躍したことは世界を驚かせました。その秘密を探るために来日したアメリカの科学者は、彼が鰹を好んで食べていること

にあり、と考えました。じつに興味深いことです。

さて、マラソン界でも食糧難の時代に田中茂樹選手（1951年）、山田敬蔵選手（1953年）、浜村秀雄選手（1955年）がボストンマラソンで優勝しています。続いて60年代にも重松森雄選手（1965年）と君原健二選手（1966年）が優勝しています。彼らの強さの秘密は、何だったのでしょうか？

一つは、低栄養食でのトレーニングの有効性について説明したように（169ページ〜参照）、「満足に食べられなかった」からこそ良かったといえます。普段から低栄養の食事をしていたため、余分な体脂肪が少なく軽量で、さらに脂肪を燃焼する能力が高まって、運動中のグリコーゲンの消費を節約できる身体になっていたのではないでしょうか。

そしてもう一つ、当時のマラソンランナーは、レース前に餅を好んで食べたことにあると思います。

先にも述べたように、同じ強度の運動の継続時間を低炭水化物食と高炭水化物食で比較すると、高炭水化物食が断然長く持続します。スウェーデンのカロリンスカ研究所では、その秘密が筋肉中のグリコーゲン濃度であることを見つけ出しました。

つまり、マラソン前にいかに筋肉中に多くのグリコーゲンを蓄えるかが、好成績を出すためには重要になります。そのためには、レース前の3日間は、高炭水化物食をとることです。

筋肉中にグリコーゲンを蓄えることを「グリコーゲンローディング」あるいは「カーボローディング」と呼びます。この目的のために、マラソンレース前日にパスタパーティーを開く大会が多く見受けられます。

しかしそんなことをしなくても、日本食はグリコーゲンローディングに最適です。お餅、ご飯、うどん、そばと、炭水化物食に事欠きません。さらに和菓子もあります。すなわち、レース前3日間は徹底して日本食でグリコーゲンローディングをおこなうことが、もっとも有効であると考えられます。要は主食のご飯をたくさん食べればよいですし、私は食後に大福を好んで食べます。また、ビタミンなど栄養バランスも大切なので、果物、野菜は積極的にとりましょう。

グリコーゲンローディングをさらに高めるポイントは？

筋肉にグリコーゲンをより効率よく蓄えるための、興味深い研究があります。カロリンスカ研究所のハルトマンとバーグストロームが『ネイチャー』で発表したものです。

2人の被験者が1台の自転車エルゴメータ（いわゆるエアロバイク）をそれぞれ右脚だけと左脚だけでこぎ、疲労困憊までおこないました。その後3日間、高炭水化物食を摂取し、両脚の筋

肉中のグリコーゲン濃度を追跡しました。

結果は図6－2に示したとおりです。2人とも自転車をこいだあとは筋肉中のグリコーゲンが枯渇しています。その後、高炭水化物食を摂取すると、枯渇した脚のグリコーゲン濃度が自転車をこぐ前より飛躍的に高まりました。

つまり、グリコーゲンローディングをする前に、一度、筋肉中のグリコーゲンを枯渇させたほうが、より多くのグリコーゲンを貯め

図6-2　疲労困憊後に炭水化物を摂ると、グリコーゲンの貯蓄量がより高まる

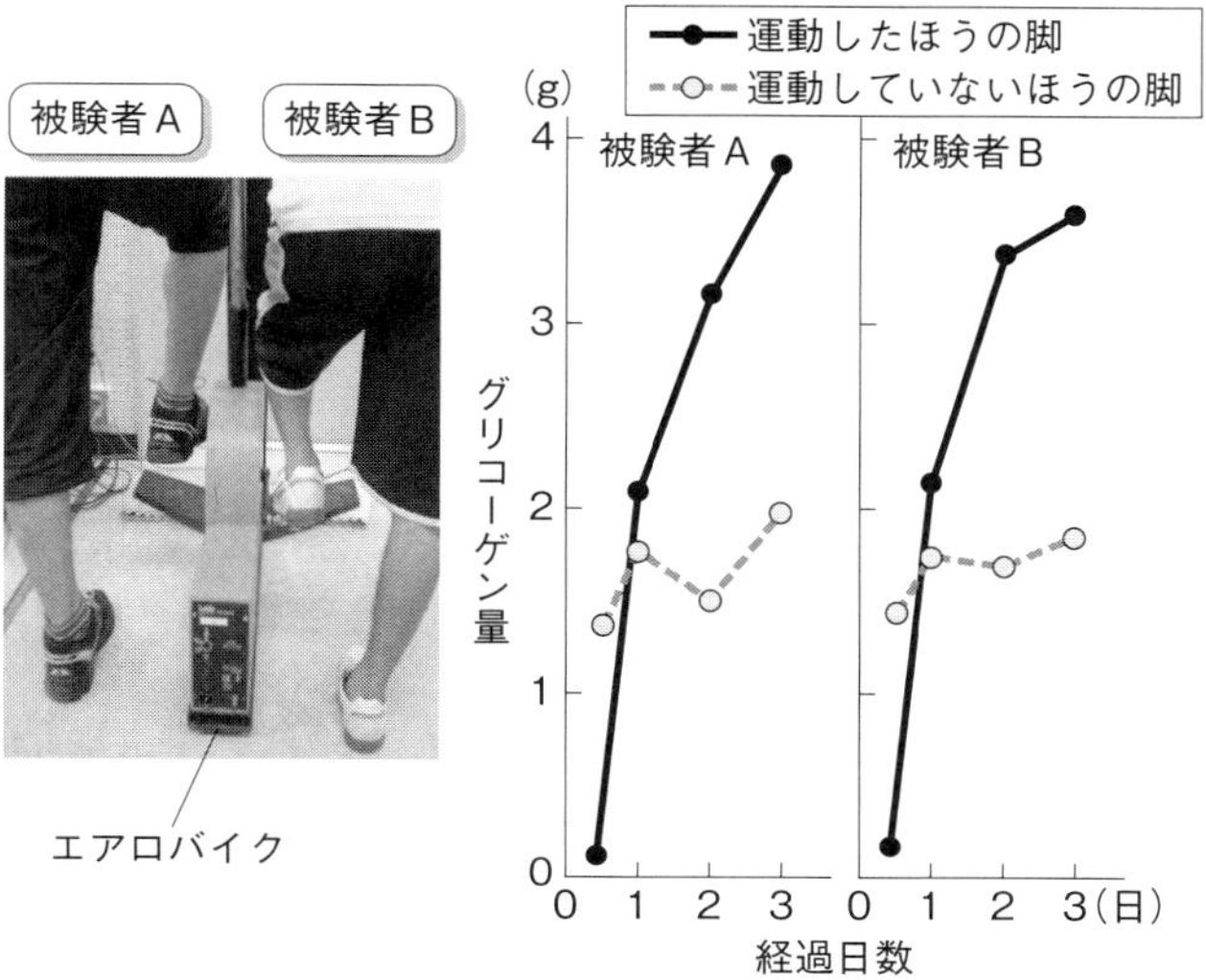

片脚だけエアロバイクで疲労困憊まで運動し、その後3日間、炭水化物の多い食事をとり、脚の筋肉内のグリコーゲン濃度を測定。運動したほうの脚が、より多くのグリコーゲンを貯め込めている。
（Bergstrom & Hultman, *Nature* 16, 1966より改変）

込めるということです。

ちなみにこの研究、たった2人の被験者でおこなわれたものなのですが、おそらく論文を発表したハルトマン博士とバーグストローム博士のお二人が、自ら実践して証明したものではないかと思われます。

レース3日前におこなうべきこと

では、この研究のようにグリコーゲンローディングの効果を得るためには、実際にはどうすればよいでしょうか？

レース3日前に長い距離（20～30km）を走り込むことをおすすめします。いったん、筋肉中のグリコーゲンを枯渇させることが目的です。

そのために、走る30分ぐらい前に糖分を摂取します。そうするとインスリンが分泌されて、運動中の脂肪のエネルギー供給が阻害されますから、より多く筋肉中のグリコーゲンが使われます。長い距離を走り込むといっても、20～30kmを継続して走り続ける必要はなく、細切れ運動で構いません。

あるいは、インターバル・トレーニングで紹介したように、30秒間全力で走り、5分間の休息をはさむ。これを2回繰り返したあと、30〜40分間休息し、ふたたび30秒間の全力走&5分間の休憩を2回繰り返す、という方法も有効です。

こうすると、たった1kmにも満たない距離を走っただけで、20km走ったあとと同じ程度のグリコーゲンを消耗できます。その後ゆっくり10kmでも走れば、完全にグリコーゲンを枯渇させることができるでしょう。

このようにしてレース3日前にグリコーゲンを枯渇させたあと、その日の夜からは、先ほど記したグリコーゲンローディングで炭水化物をたっぷり摂るようにすればよいのです。

レース前日にやってはいけないこと

私はここ10年ほどホノルルマラソンに参加していますが、毎年、前日まで一生懸命走っているたくさんのランナーを見かけます。おそらく1日でも休むと体力が低下すると思っているのでしょう。あるいは、せっかくホノルルにきたのだし、足慣らしで走ってみたいという理由かもしれません。

しかし、前日に走ることでプラスになることはまずあり得ません。それどころか、レースの成績には、かえってマイナスになることが否定できません。ですから、私は一緒に参加するメンバーには、ゆっくり休みましょうとアドバイスしています。

その理由はすでに述べたように、ガソリンであるグリコーゲンを満タンにするべく調整しているのですから、前日にグリコーゲンを減らすランニングは避けるべきだからです。レース前日は、移動はゆっくり歩き、糖分摂取を心がけ、のんびり過ごすことをおすすめします。

もちろん食事は主食が糖質中心で、ビタミン、ミネラルを欠乏させないよう野菜や果物を豊富にとります。

「身体が重い」と感じたらレースはうまくいく

レースの日が近づいて、練習量を落とし、グリコーゲンローディングをしっかりおこなうと、食べすぎが気になってしまう方が多くいらっしゃいます。

いま紹介したようなグリコーゲンローディングをおこなうと、体重が1~2kg増えて身体が重いな、と感じるかもしれません。そこで憂鬱になってしまいそうですが、安心してください。脂肪で体重をそれだけ増やすためには、7000〜1万4000kcalのエネルギーを摂取しなければなりません。まずそのようなことは考えられないでしょう。体重の増加は、グリコーゲンローディングがうまくいっている証拠ともいえます。

じつはグリコーゲンが体内に貯蔵される場合、グリコーゲンの約3倍の水を一緒に貯蔵することがわかっています。体重が摂取カロリー以上に増えてしまうのは、水分が溜め込まれているからなのです。

グリコーゲンローディングを始めてから3日間のあいだに体重が1〜2kg増えたら、しめたものです。レースはきっとうまくいくでしょう。

前夜の準備

レースへの準備として、前日のうちに足の指の爪を切っておきましょう。男性の場合、長い時間ランニングをしているうちにシャツとの摩擦で乳首を痛める可能性がありますので、絆創膏を準備しておきます。レース前に貼っておくとよいでしょう。

当日の服装の準備も、前日のうちにしておきましょう。ランニングウエアは軽くて、レース向

けのものをおすすめします。一流選手並みの格好で走れば、気分も盛り上がって楽しく走れます。靴下は薄手のスポーツ用のもの、晴れた日のために帽子やサングラスの準備も忘れないでください。

レースに新品のシューズを履く方がいらっしゃいますが、これは冒険です。すでに足にフィットした履きなれたシューズを使うべきです。新品を履くのであれば、1ヵ月ほど前から履き慣らしておきましょう。

大事なのはリラックスすることですが、レース前は少し興奮して、夜寝付けないこともあるかと思います。でも、気にする必要ありません。私自身、徹夜状態でレースに出場したことがあり、実体験として確かめていますが、寝不足で大会に出場しても、ほとんどレースの出来ばえには影響しません。安心して、本でも読んでください。

レース当日の意外な注意点

レース当日は、スタート時間の3～4時間前に起きます。そしてまず、朝食をとります。

当日の食事は、高炭水化物食にしてさらにグリコーゲンローディングをと考える選手が多いの

ですが、じつはそれはマイナスです。

炭水化物食を3日間摂取すると、2日目までは筋肉のグリコーゲン量は急増しますが、3日目にはほとんど増えません。すなわちレース当日は、筋肉のグリコーゲンは満タンでそれ以上増やせない状態です。

この状態でさらに高炭水化物食を摂取すると、血糖値が上昇し、過剰のインスリンが分泌され、脂肪分解を抑制して糖のみをエネルギーとして利用することになってしまうのです。スタート前にバナナを食べたり、糖質の入ったスポーツドリンクを飲んだりする選手も結構いますが、こうするとスタート後に脂肪はまったく使われず、筋肉のグリコーゲンを消耗してしまうので逆効果です。

したがって、レース当日は炭水化物の摂取量は食後、朝までの糖質消費量を補うだけにして、高脂肪食とし、それ以後はなにも食べず、飲み物も糖質ゼロの飲料水以外口にしないほうがよいです。

具体的には、ホテルの朝食であれば、ご飯を一膳程度（体重60kgの人の場合の目安）、あとはウインナーやハムなど脂肪の多いおかずと、ドレッシングをかけたサラダとしましょう。私自身はレース当日の朝は、ハンバーガー（パテが2枚、チーズが入ったもの）とフライドポテト（Sサイズを7～8割）を好んで食べています。適度な炭水化物に脂肪分が多めなので、ちょうどよいのです。脱水をふせぐため、食事のときも水分は多めに取りましょう。

遅くとも1時間前には会場に行って、ゼッケンを受け取り、着替えて荷物を預けます。レース前のウォーミングアップは、せっかく貯め込んだ筋グリコーゲンを消耗してしまいかねませんので、絶対に避けてください。

気温が低かったり、雨が降ったりしている場合は、使い捨てのレインコートを羽織ります。

脱水を予防するために、レース30分前にも水、またはカロリーオフのスポーツドリンクを飲んでおきましょう。そして、レース20分前には、スタート地点にゆっくり歩いて向かいましょう。

レース直前

いよいよスタートの時間が迫ってきました。最後に気をつけておくべきポイントは何でしょうか？

朝食は炭水化物は控えめがよいのですが、レース直前あるいはレース中の糖の摂取は、ランニングの効果にプラスに働きます。走り出せば、脂肪の分解を抑制するインスリン分泌は抑えられるからです。私はレース直前に、ゼリー状のエネルギー補給用飲料を飲んでいます。

また、レース中に靴ひもがほどけてしまわないよう、しっかり確認しておいてください。靴ひもは足の甲部分はゆとりを持たせ、結び目をしっかり結びます。二重に蝶結びをすることをおすすめします。

もちろんレース前には必ずトイレに行っておきましょう。当然途中でトイレに行きたくなることがありますので、事前にどの地点にトイレがあるか、確認しておくと安心です。

ペース配分の簡単なコツ

ついにスタートして、走り始めたとき、「なんか身体が重いな」と思われるかもしれません。それは、先ほどお話ししたように、グリコーゲンローディングがうまくいった証拠です。逆に「身体が軽いな」というときは、むしろ良い記録が出せないことが多いです。

マラソンで難しいのはペース配分、という方もいます。実際、後半でどんどんスピードが落ちてリタイアしてしまう人もいます。

とくにレースに出場すると、興奮からつい調子がくるってしまってスタート直後はオーバースピードになりがちです。前半に稼いでおこうという考え方を持つランナーも多く見受けられ、積

極的に速く走るきらいがあります。

しかし、そうした人につられては絶対にいけません。にこにこペースを超えたスピードで走ってしまうと、筋肉中のグリコーゲンが使われてしまうので、後半、とりわけ30㎞過ぎにスピードダウンを余儀なくされます。

要は、スタート直後から目標タイムの平均スピードを徹底して守ることです。

また、上り坂にさしかかった場合はスピードダウンすべきです。平地と同スピードで走れば、筋肉中のグリコーゲンを多く消耗してしまうからです。私はボルグの主観的強度（63ページ、表2－1参照）を利用し、前半は10～12の「ラクに走れるレベルを保つのだ」といい聞かせながら走ります。

一見、難しそうに思えるペース配分も、「にこにこペースを守り、一定の速度で走る」と考えれば、ごく簡単なのです。繰り返しますが、このスピードを一定に保つことがもっとも重要です。ただ、自分の感覚だけではなかなか一定で走れないこともあるので、ぜひＧＰＳ機能がついたランニング用の腕時計を使うことをおすすめします。

にこにこペースで走り、１㎞ごとのラップを確認し、スピードをコントロールします。

30㎞を過ぎてからのつらさを克服する方法

どのレースでも給水サービスがありますが、すでに述べましたように飲みすぎには要注意です。水分補給量の目安は先に記したとおりですが（191ページ〜参照）、大まかに言えば、給水所に置いてあるコップで8分目ぐらいまでにしましょう。スポーツ飲料が提供されている場合は、糖の補給のためにもそちらを飲みましょう。

マラソンレースで使われる糖分は3日前からのグリコーゲンローディングによる備蓄分と当日の補給分で十分まかなわれますが、補給しないと血液中の糖分が低下してきます。低血糖は脳疲労を起こす可能性があり、一定ペースを維持できなくなりかねません。

ペースをうまく守って走れたとしても30㎞過ぎてからつらくなる場合は、脳の疲労が主な原因と考えられます。それは低血糖から起こるものですから、乗り越えるためには、糖分の補給をするとよいでしょう。積極的に糖分を補給して血糖値を維持することが、脳疲労を起こさない予防手段につながるからです。

そうした理由からも、レース中の捕食は、血糖値を維持するために有効です。

レース直前に糖分を摂取することをおすすめしましたが、それによって走り出して10㎞ほど血糖レベルを高く保つことができます。レース中の捕食はそれ以後に、1時間毎に消化吸収の速い捕食ゼリータイプのもの（糖40～50g）を摂取するとよいでしょう。

そうして万全な対策を取ったなら、あとは少しずつゴールに近づいていることを励みに、またゴール後の一杯を楽しみに、ひたすらゴールを目指しましょう。

レースが終わって

42・195㎞を走り抜いて、感動のゴール！　しかし、とくに前半がオーバーペースだった方は、その後、歩くのもままならないほどの筋肉痛におそわれることも少なくありません。ともすると、回復に1時間以上かかることもあります。しかし、心配は無用です。どんなにひどく筋肉が痛んでも、いずれ回復します。

筋肉痛は時間が解決してくれますが、どうしようもないときは次のような2つの方法があります。

まず2人ペアでおこなう方法です。施術者は、ランナーの膝関節の外側、膝関節から手のひら

を当て、小指あたりのツボ「足三里」を指圧しながら、ゆっくり下腿を引っ張ります。このときランナーには「すってー、はいてー」と掛け声をかけ、息を吐いているときに、脚を引っ張ってください。

そして数秒後に力を抜かせ、リラックスさせます（図6－3）。

この手技を4～5回繰り返します。そうすると、不思議なぐらい脚が軽くなります。この方法は、ツボを簡単に見つけるストレッチテスト「M－test」の発案者で世界的に著名な福岡大学の向野義人《むかいのよしと》教授に教わりました。

もう一つの方法は、湯船に水と氷

図6-3　マラソン後の痛みを残さない方法

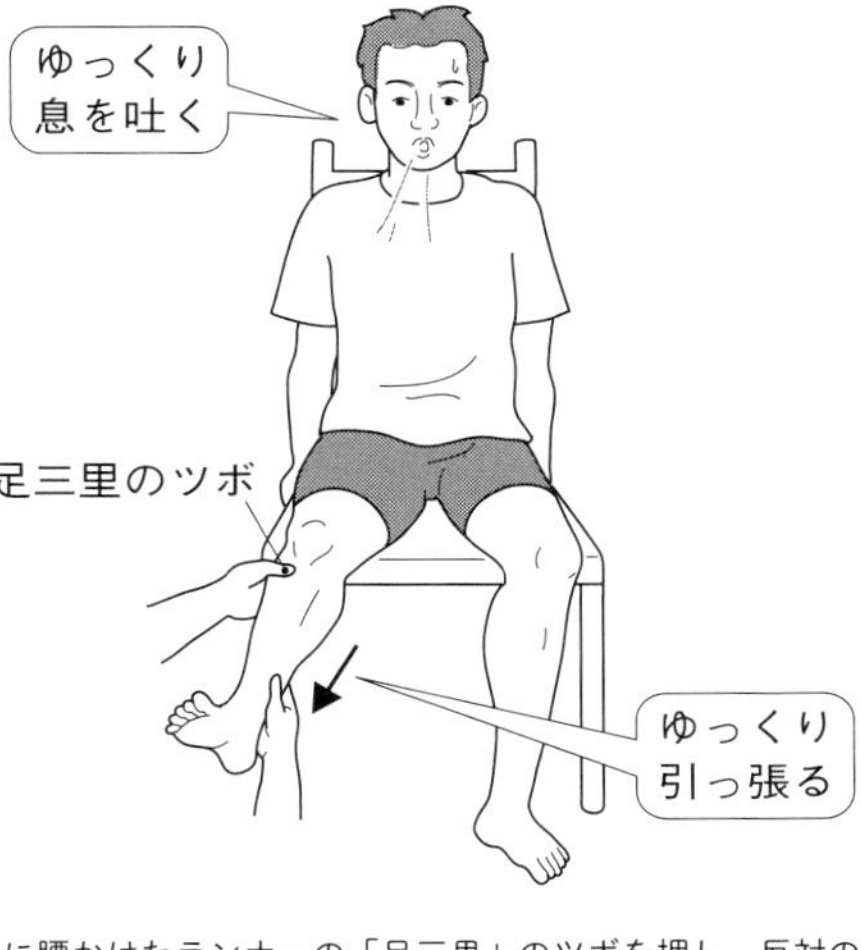

施術者は椅子に腰かけたランナーの「足三里」のツボを押し、反対の手でランナーの膝下をゆっくり引っ張る。引っ張るとき、ランナーは息をゆっくり吐き、その後力を抜いてリラックスする。反対の脚も同様におこない、4～5回繰り返す。

を入れて脚を浸すことです。最近、野球の投手が試合後に肩を冷やしている光景をよく見ますが、それと同じで、アイシングの効果を期待します。

大きな負荷がかかると損傷した筋肉は内出血を起こしますが、アイシングすると血管が収縮しますので、その内出血を抑えられるのです。筋の損傷を最小限に食い止めることができます。また、冷やすことで痛みの閾値が低下して痛みを感じにくくなります。

いずれの方法も、驚くほどラクになります。

レース後、いつから練習を再開する？

さて、数日経って筋肉の痛みや疲れが落ち着いてきたら、レース中はあれだけ苦しかったのに、ゴールしたときの感動が強く残っていて、再びレースに出たいという気持ちになってきたのではないでしょうか？

レース後は数日休んだとして、それでは、次の練習をいつから始めるべきでしょうか？

図6－4をご覧ください。運動の過剰ストレスを示す指標として男性ホルモンのテストステロンを選び、マラソンでの影響をみた研究です。

過剰なストレスが加わると、男性ホルモンは低下することがわかっています。マラソン直後は予想に反して減少していませんが、翌日にガクンと落ちています。

一方、男性ホルモンの合成を刺激するＬＨ（性腺刺激ホルモン）は上昇しています。そして完全に戻るまで１週間を要しました。

この結果から、男性ホルモンが低下したので、それを合成しようとＬＨが多量に分泌されたのに、精巣では男性ホルモンが作れなくなっていた

図6-4　マラソン後の男性ホルモン値の変化

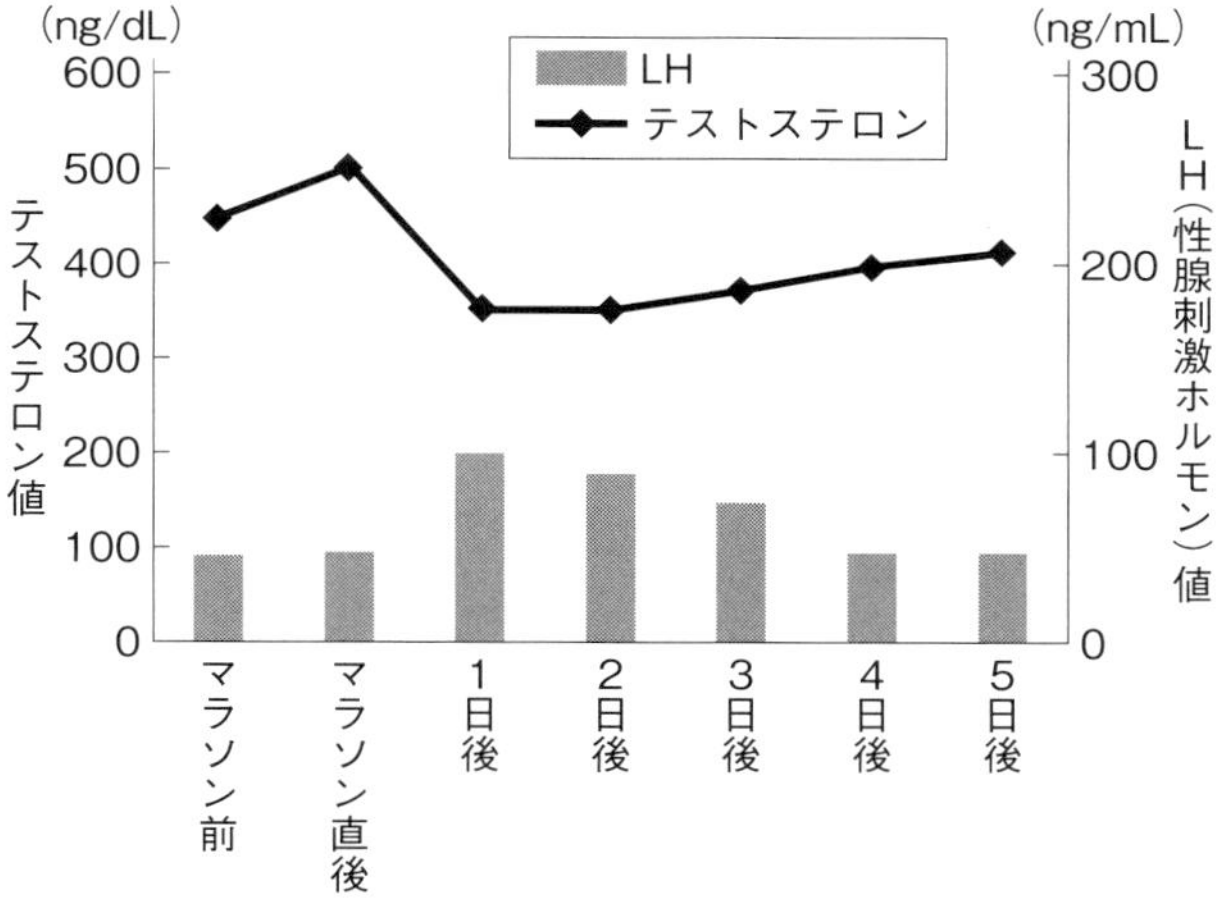

男性ホルモンのテストステロンと、テストステロンの合成を促す性腺刺激ホルモン（LH）の変化を測定。マラソンレースの翌日にテストステロンが急激に低下しており、過剰なストレスが原因と考えられる。もとに戻るまでは１週間程度かかった。

（Tanaka et al., *J Endocrinol Invest*, 1986より改変）

ということがわかります。マラソンによる運動ストレスが原因です。

休息も大事なトレーニングです。次の練習再開は少なくとも1週間休んで、走りたいとの気持ちが高まるまで待ちましょう。

ここではあえて男性のことを取り上げましたが、過度なストレスが女性ホルモンも低下させることはよく知られています。やはり男性と同じように1週間はしっかり休むべきです。

コラム3　人間はどこまで速く走れるか？

マラソンで2時間を切ることは可能か？

日本選手が100mで世界と戦えるか？

この2つの質問に、私は「イエス」と答えたいと思います。あくまでも仮説であることをご容赦ください。

2016年のロンドンマラソンで2時間3分5秒の歴代2位（当時）の記録で優勝したケニアのエリウド・キプチョゲ選手は、身長167㎝、体重57㎏だそうです。日本の藤原新選手は同じ身長で54㎏。もしキプチョゲ選手がパワーを落とすことなく3㎏減量できた場合、115ページに記した推定法で考えると、計算上は1時間57分で走れることになります。2

時間を切ることも、可能だと思っています。

日本人選手に限って考えると、どうでしょうか？　世界のトップランナーの体脂肪率は、3％前後です。しかし、日本のある実業団の選手の体脂肪率は7％でした。

体重が60kgだったとして、その身体で2時間10分でフルマラソンを走れたとしましょう。体力の低下なく2・4kgの体脂肪を除去できれば、同じように推定法から計算しても2時間4分台で走れることになり、世界で十分戦えます。

また、短距離走でも余分な体脂肪はパフォーマンスに影響します。4大会連続でオリンピックに出場し、9個の金メダルを獲得した短距離のスーパースターであるカール・ルイスは34歳でアトランタオリンピック選手代表権を勝ち取りました。当時、「身体を軽くする目的で栄養士をつけ体脂肪を落とした」とコメントを残していますが、彼は体脂肪率3％を目指したそうです。

100mの記録が体脂肪減でどれだけ短縮できるか推定してみましょう。たとえば10秒2で走るランナー（体重68kg）が、もし筋力を落とさずに2kgの体脂肪減ができたとすると、9秒9で走れることになり、世界のトップランナーに仲間入りということになります。

第 7 章

ランニングと健康

継続して走ることが身体にもたらす効果

走ること、とくににこにこペースのスロージョギングは、身体にとてもよい影響があることが、最新研究で次々とわかってきました。血圧や血糖値を下げ、認知機能を向上させる可能性もあるのです。その効果を知れば、走るモチベーションがもっと上がるはずです。

ランニングを始めてしばらく経つと、走らずにはいられなくなり、ランニングのとりこになる方がかなりいらっしゃいます。レースに出てその達成感を味わうと、なおさらではないでしょうか。

これまでお話ししてきたように、体力が向上し、脂肪も効率よく使えるので高いダイエット効果も得られます。ただ、それだけでなく、ランニングを続けていると、走ることで頭がすっきりしたり、体調がよくなったりするのを感じられる方も少なくないでしょう。

実際に、最新の研究によって、ランニングが身体にさまざまなよい効果をもたらすことが、次第に明らかになりつつあるのです。最後に、ランニングと健康の関係について考えたいと思います。

ランニングすると膝を痛める？

ランニングは瞬間的に両脚が地面から離れるのですから、ジャンプの連続ともいえましょう。それを何度も何度も繰り返すので、膝に対する負担を心配される方もいます。ランニングは、膝に悪いのでしょうか？

膝の関節の軟骨が摩耗し、骨などに変形が生じて痛みを感じる症状を「変形性膝関節症」といいます。変形性膝関節症は、高齢者の機能障害の主要因です。膝が痛いから歩かなくなり、筋肉や骨や心臓、さらに脳機能が衰えるという負の連鎖にはまり、生活の質が低下することが大問題です。

ランニングはたしかに高齢者の健康の保持・増進に、そして生活の質の確保に有効ですが、憂慮されてきたのが、この変形性膝関節症の危険因子ではないかということです。

アメリカ・スタンフォード大学のチャクラバティーらは、長期にわたってランナーの追跡調査をしていますが、その目的の一つが「長期のランニングが変形性膝関節症の発症を増大させる」との仮説を証明することでした。ランニングは膝に対する衝撃が大きいので、加齢とともに変形性膝関節症の罹患率が高くなり、また重篤になるのではと考えたのです。

1984年に調査対象者を選び、スタンフォード大学の近郊に住むランナー53名とランニング習慣のない55名について2002年まで少なくとも2回以上レントゲン検査をおこない、経過を観察しました。

初期検査で変形性膝関節症のランナーは全体の6%にすぎず、非ランナーにはまったくありませんでした。18年後のランナーの変形性膝関節症罹患率は20%と増えましたが、非ランナーは32%とランナーを超える罹患率でした。少なくとも長期にわたるランニングで、膝を痛めるとはいえないとの結論です。

この研究者たちも指摘しているのですが、調査対象の人数が少ないですし、この研究からランニングが変形性膝関節症の発症をむしろ抑制すると結論することはできません。しかし、その可能性も否定できません。今後のさらなる大規模な研究が待たれます。

ただし、本章末のコラムにも示しましたが、これまで紹介してきたフォアフットのスロージョギングであれば、衝撃も少なく、膝への負担はさらに少ないのではないかと私たちは考えています。

ランニングは心臓に悪いのか

また、ランニングは心臓に負担がかかるというイメージもありますが、実際はどうなのでしょうか？　数年前の東京マラソンで、男性タレントが心停止で倒れたことがありました。さいわい敏速な看護のおかげで命をとりとめましたが、マラソン時の突然死はたまに報道されます。

このような事実から、ランニングは心臓に過度な負担がかかって危険だと考えられがちです。たしかに速いスピードで走れば、過剰な負担が心臓にかかるので、危険なのは事実です。

私は長年、軽い運動（軽運動）が生活習慣病の予防に有効であること、またその根拠を明らかにすることをテーマとした研究を主におこなってきました。その視点からいうと、適度なペースを保てば、ランニングは決して心臓に悪い運動ではないといえます。

私たちが軽運動の研究を始めたきっかけは、心臓病の患者でも安全におこなえて、トレーニング効果が得られる運動強度を見つけることでした。おのずと運動強度と心臓への負担の関係に強い関心がありました。

心臓そのものは筋肉でできているので、負担がかかればそれだけ酸素を必要とします。しかも骨格筋と違い、無酸素でエネルギーを出せば心臓停止につながりますので、心臓が必要とする十分な量の酸素を供給し続けなければなりません。

心臓の負担を減らすには、交感神経の過剰な興奮なしに運動できることが大切です。というのも、交感神経の興奮は心臓の拍動数を増し、心臓の収縮力を高め、血圧を上昇させるからです。この3つの要素すべてが心臓の酸素需要量に影響します。

ランニングにおいて交感神経が興奮しはじめるのは、笑顔を保てるくらいの低速、にこにこペースで走ったときの運動強度です。それ以下の強度では、交感神経が過剰に興奮することなく運動ができます。一方、にこにこペースを超えるとスピードの上昇に伴って急激に交感神経の興奮が強まります。

このような知見をもとに、私たちは「にこにこペースまでは心臓への負担はわずかで、その強度を超えると負担は急増する」との仮説を立てました。

それを証明するには運動中の血圧を正確に測る必要がありますが、これは至難の業です。「中心血圧」と呼ばれる心臓から駆出した血液の出口での血圧を測りたいのですが、そのためには心臓カテーテル法を使い、心臓の出口まで管を入れ血圧センサーを留置しなければなりません。

心臓カテーテル法の技術は、近年改良され、極めて安全にできるようになりました。そのため、つい最近、私たちもこの方法を用い、運動負荷中の中心血圧を測ることができました。世界で初めての試みです。

図7－1は私自身のデータです。カテーテルを入れて外を走ることは難しいので、運動負荷は自転車エルゴメータ（エアロバイク）を用いました。私のにこにこペースに相当する負荷は120Wでこいだときですが、ご覧のように120Wまで安静時とほとんど変わらず、この強度を境に強度が高くなるにつれて中心血圧が急増していることがわかります。

さらに心拍数、心臓の収縮力、中心血圧を掛け合わせることで心臓の酸素需要量、すなわち心臓の負担度を推定してみました。その結果、にこにこペースまでは心臓への負担が安静時とほとんど変わりませんでした。この実験に協力してくれた私以外の7人の仲間も、全員同じ結果が得られました。

すなわち、にこにこペースであれば中心血圧、また心臓への負担はほとんど増えず、安全に運動できることを意味しています。

かつて心不全の患者は運動禁忌とされてきましたが、今や積極的に運動療法をおこなうのが当たり前になっています。

この分野のパイオニアであるカナダ・トロント大学のカバーナは、心臓病の患者に対して、ランニングでのリハビリテーションを取り入れました。そして、患者のモチベーションを高めるため、リハビリを頑張ればボストンマラソンだって走れるようになると激励しました。ボストンマラソンは、アップダウンの激しい「心臓破りの丘」と呼ばれる区間があることでも有名な

図7-1　にこにこペースを超えると中心血圧は急増していく

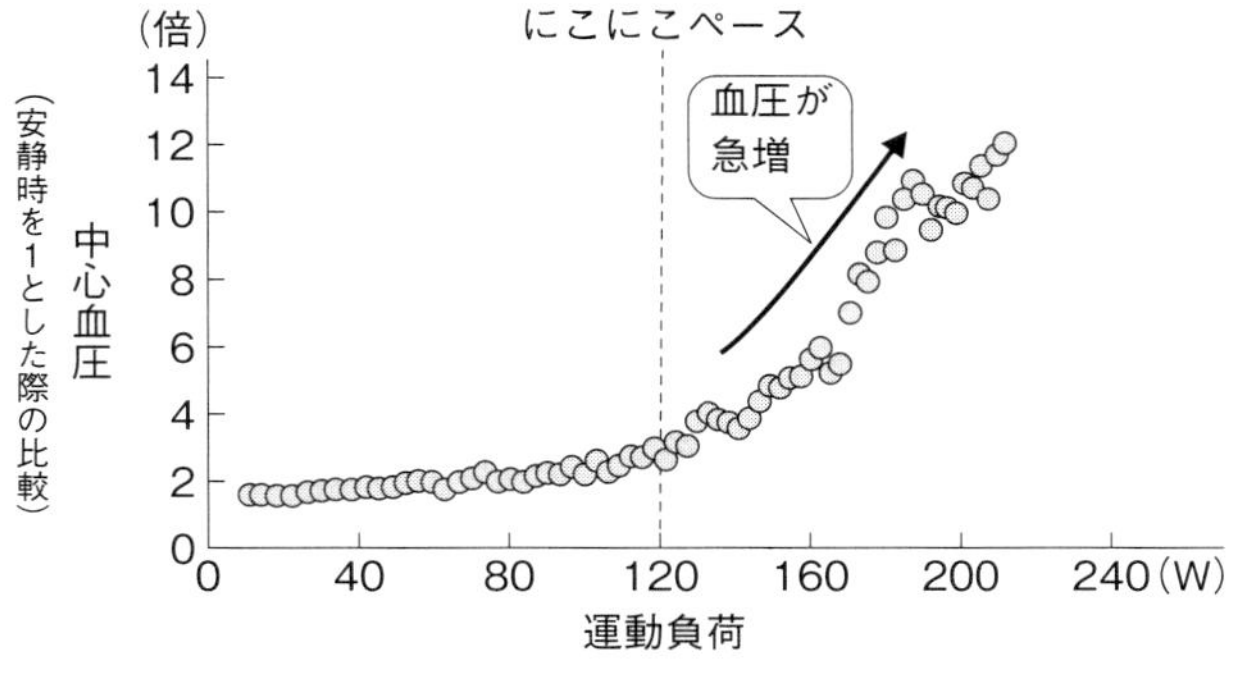

エアロバイクで負荷を上げていったときの中心血圧を測定。縦軸は、安静時と比較して中心血圧が何倍になったかを示している。にこにこペースは120Wだが、それを超えると、中心血圧が急増していく。
（福岡大学身体活動研究所資料より改変。著者の測定データ）

レースですが、実際に、６名の患者を見事ボストンマラソンで完走させたのです。

それから20年後、ボストンマラソン１００年を記念するシンポジウムで聞いたところでは、その後一人の患者はランニングをやめて喫煙を再開し亡くなられましたが、５名は今も元気でランニングを続けているそうです。

心機能は走ることで高まる

「身体に悪くない」ということだけでなく、ランニングが「身体に良い」ということも次々と確認されてきています。いくつかご紹介していきましょう。

心臓が拍動ごとに送り出す血液量を「一回拍出量」といいます。一回拍出量と心拍数を掛けた値が、毎分の心拍出量です。適度なランニングを続けると、心臓のポンプ機能が高まって一回拍出量が増します。一回拍出量が増加すれば、同じ運動量でも少ない心拍数ですむようになります。

ランニング中やランニング直後に心拍数を計測すると、トレーニングの効果を客観的に評価できます。ランナー用の腕時計式の心拍計が安価で販売されていますので、購入して使ってみましょう。

効果が上がっていれば、同じスピードで走ったときの心拍数が下がってきますし、目標心拍数を定め、その心拍数を保つようにトレーニングを続けると、いつの間にか同じ心拍数でも速く走れるようになります。

また、ランニングを継続することで、骨格筋繊維を取り巻く毛細血管の数が増えていきます。毛細血管の内側にはリポプロテインリパーゼという酵素があるのですが、この酵素は、血液で運搬されてくる脂肪（「中性脂肪」または「トリグリセライド（TG）」とも呼ばれる）を脂肪酸とグリセロールという物質に分解します。脂肪は、脂肪酸に分解されてはじめてエネルギーとして利用できます。毛細血管が増えると、それに比例してリポプロテインリパーゼが増えますので、それだけ脂肪が脂肪酸に分解されて筋肉に取り込みやすくなり、脂肪をエネルギーとしてより積極的に使えるようになるのです。

また、毛細血管壁で脂肪が分解されるときには、脂肪酸とグリセロールだけでなく、HDL（善玉コレステロール）が生成されます。HDLは血管壁のコレステロールを取り除く働きをします。ランニングによってHDLの数が増えると、動脈硬化を抑制し、若々しい血管を保つことができると考えられるのです。

ミトコンドリアの機能が高まる

加齢現象にはさまざまなものがありますが、動物の種を越えて共通する現象として、ミトコンドリアの数が減り、機能が低下するということが挙げられます。

人は年をとるに従って骨格筋のミトコンドリアのDNAが酸化ダメージを受け、ミトコンドリア量が低下していくことが明らかになっています。ですが、4章でもお話ししたとおり、適度なランニングはミトコンドリアを増やし、機能を高めると考えられています。さらに、高齢者であってもミトコンドリア機能は高まることが示唆されているのです。

ミトコンドリアの数や機能を人で測ることは難しいのですが、アメリカ・ワシントン大学のホロツイーのグループは、60~70歳の高齢者を対象にランニングによるトレーニングの前後で骨格筋のミトコンドリア機能を測りました。その結果、トレーニングによって、高齢者も若者と同等にミトコンドリア機能が高まることを証明したのです。

また最近、アメリカのランザたちは、18~30歳の若者と59~76歳の高齢者のミトコンドリア機能を比較する研究をおこないました。その結果は、予想どおり高齢者は若者に比べて低かったのですが、高齢者でランニングまたはサイクリング1時間を週6回、4年以上継続している人たちのミトコンドリア機能は、なんと若者よりも高かったのです。

しかも同等のトレーニングをしている若者の水準にまで達していました（図7-2）。

体温調節能が高まる

毎年、夏になると熱中症での死亡事故が起こります。暑さや運動で体内に熱がこもり過度に体温が上昇すると、脳が異常をきたし、

図7-2　トレーニングをすると、高齢者でもミトコンドリア機能が上がる

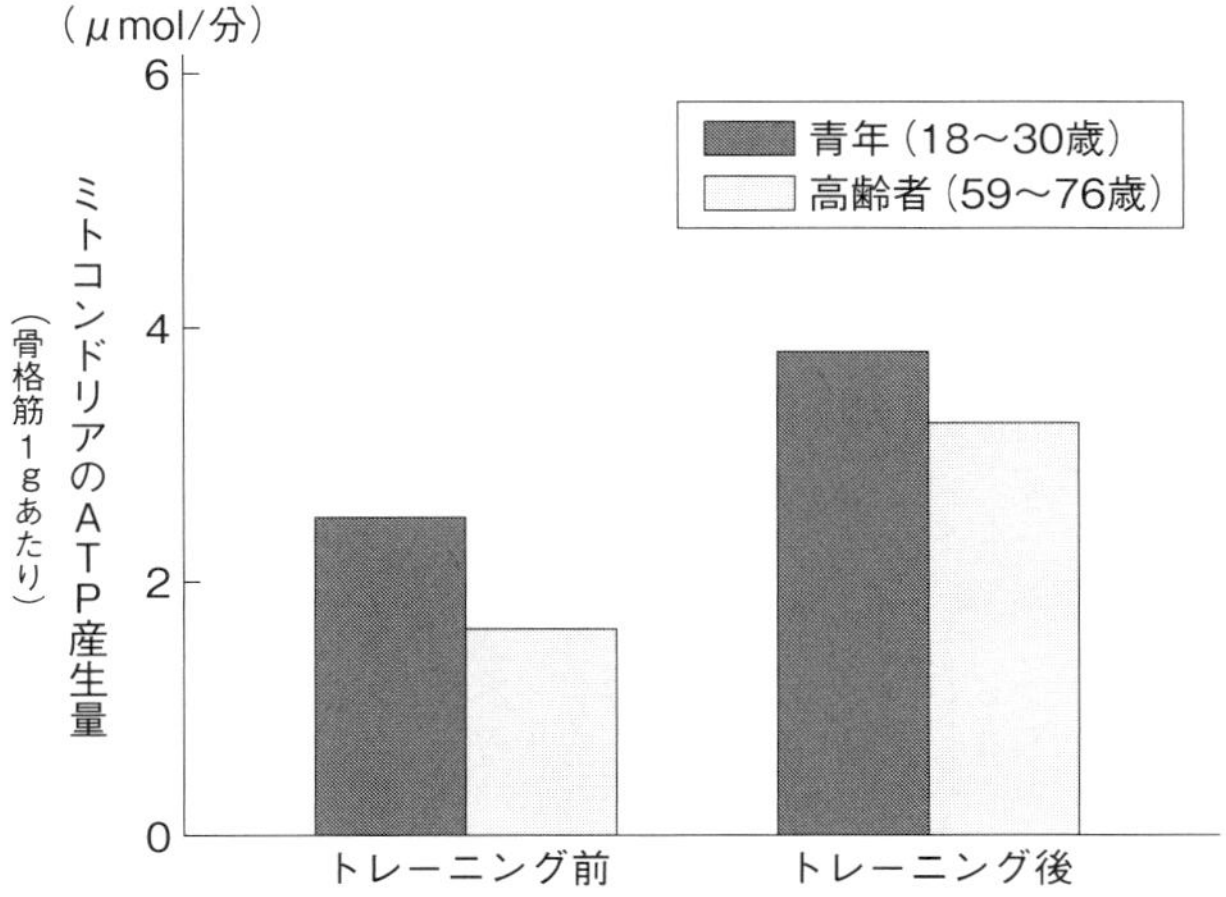

ランニングなどのトレーニングをすると、高齢者でも、若者と同等のレベルまでミトコンドリア機能が上昇する。
（Lanza et al., *Diabetes*, 57: 2930-2942, 2008より改変）

意識障害が起こることがあるのです。

では、暑い中でランニングをすることは、自殺行為なのでしょうか？

たとえば、湿度の高い梅雨時期に30℃に近い気温の中でランニングすると、体温が著しく上昇します。すると心拍数が上がって心拍出量が増し、血液が多く皮膚に回ります。血液の中の水分が汗となり、発汗するときに気化熱が奪われるため、体温の上昇を抑制する自動コントロールが働くのです。

毎日のようにランニングをしていると血液量が増加し、皮膚により多くの血液を送れるので、より身体の冷却ができるようになります。したがって、同じスピードのランニングであれば体温が上がりにくくなります。

高温、多湿の環境で思い切ってランニングをすると（もちろん短時間ですが）、1～2週間という短期間に身体がその環境に適応して、発汗量が増え、熱中症にかかりにくくなります。

このような身体の適応は、高温、多湿の環境下でじっとしていても起こりにくく、ましてや冷房の効いた屋内にばかりいては、体温調節機能が衰え、熱中症のリスクが増すばかりです。ヒトは冷却機能として皮膚に汗腺を持ちました。この冷却機能を持ったため、ヒトは日差しの強い昼間でも狩猟ができたのです。

暑い夏はクーラーを効かせた部屋で過ごすのが当たり前になってしまった今日、本来私たちが授かっている適応能を働かせなくてすむようになりました。それゆえに熱中症で死亡という悲惨な事故が起きているといえます。ランニングは身体の冷却機能維持にもつながるのです。

ただし、高温多湿の状況でのランニングは、脱水症状を起こしかねませんから、夏場に走るときはこまめな水分補給を忘れないようにしてください。もちろん無理は禁物。スピードを控え、短時間にしましょう。

最大酸素摂取量は健康度も表す

最大酸素摂取量は、１分間に体内に取り込める酸素量のことで、体力の指標として使われているということは先にお話ししたとおりですが、これが、健康の指標にもなりうるのです。

トレーニングによって最大酸素摂取量は高まりますが、運動不足で最大酸素摂取量が低い人ほど、動脈硬化性疾患の心臓病や脳卒中、さらにはがんでの死亡率が高いことが、疫学調査で明らかになっているのです。

１９８９年、アメリカのブレイヤーたちは健康診断の際に１万３０００人の最大酸素摂取量を測定し、８年以上にわたって追跡しました。すると、その間に亡くなった方は、２８３名いまし

た。

健康診断時の最大酸素摂取量の測定結果から、被験者の体力のランクを低・中・高の三つに分けて比較したところ、低体力のグループは死亡者数が明らかに高く、心臓病や脳卒中といった循環器疾患での死亡者数が顕著に高かったそうです。

さらに、がんによる死亡数も、心臓病や脳卒中と同じように体力に依存し、低体力者がもっとも死亡者が多かったのです。ショッキングなデータです。

私たちも、日本人を対象に最大酸素摂取量とがん死亡との関係を調べてみました（図7－3）。

約9000人の健常者を16年余り追跡したところ、123名の方ががんで亡くなりまし

図7-3 最大酸素摂取量別に見たがんの死亡リスク

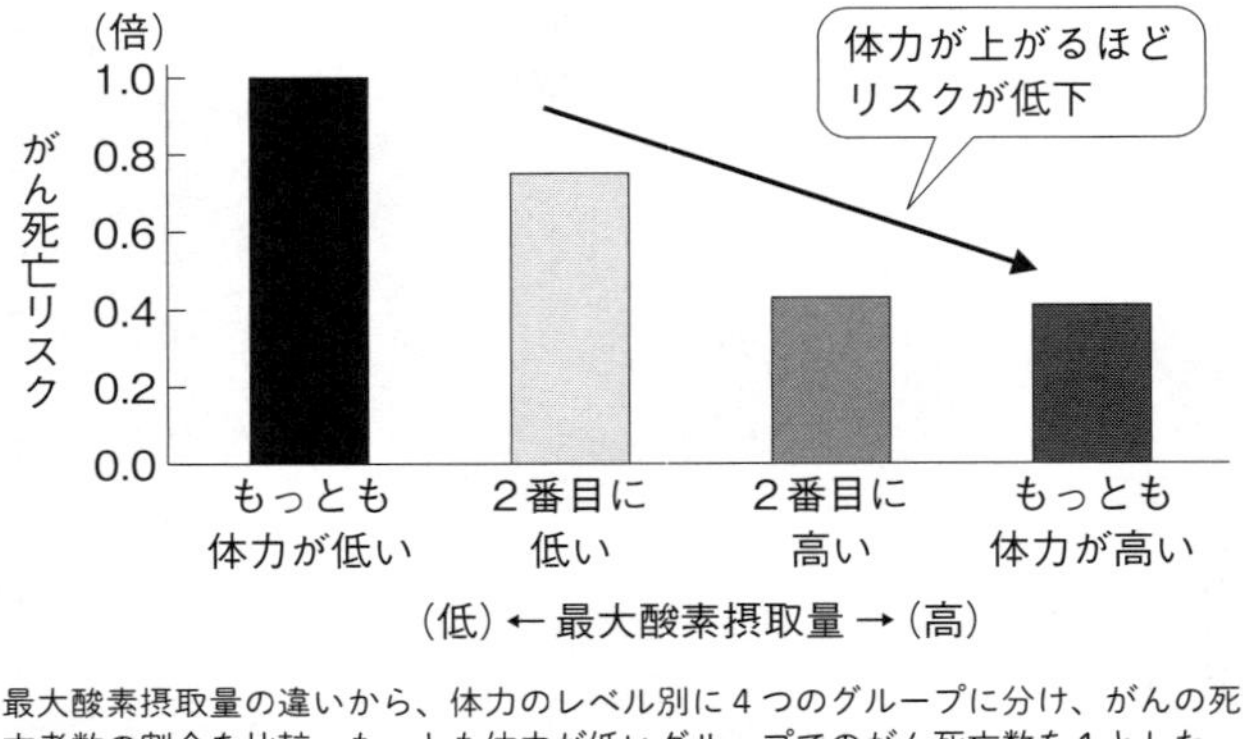

最大酸素摂取量の違いから、体力のレベル別に4つのグループに分け、がんの死亡者数の割合を比較。もっとも体力が低いグループでのがん死亡数を1とした。体力が上がる（最大酸素摂取量が増える）ほど、がんの死亡リスクは減っている。
（Sawada SS et al, *Med Sci Sports Exerc* 35; 1546-1550, 2003より改変）

た。最大酸素摂取量によって体力を4つのランクに分け、がん死亡者数を比較したところ、もっとも体力が低い（最大酸素摂取量が少ない）ランクのがん死亡者数が著しく多く、体力が上がる、つまり最大酸素摂取量が多くなるにつれ少なくなりました。

このような成果が相次いで発表され、最大酸素摂取量の水準が健康度を表す有力な指標であるという科学的な証拠が出そろいました。こうして、平成18年に厚生労働省が「健康づくりのための運動基準２００６」を策定し、健康の維持に必要な最大酸素摂取量の基準値を定めています（表７－１）。

数は限られていますが、最大酸素摂取量が測定できる分析装置のある専門施設は、国内にいくつかあります。

ちなみに、その後発表された論文では、1分間の最大酸素摂取量が28mL／kg以下であると、生活習慣病の罹患率が有意に高くなると報告されています。少なくともこれ以上の最大酸素摂取量が望ましく、私は35mL／kg・分を生涯維持することを目指すべきだと思います。このレベルは、メッツ強度にすると10メッツです。

表7-1 健康を保つのに必要な最大酸素摂取量

	20歳代	30歳代	40歳代	50歳代	60歳代
男性	40mL	38mL	37mL	34mL	33mL
女性	33mL	32mL	31mL	29mL	28mL

（体重1kg、1分あたり）

厚生労働省が2006年に策定した年代・男女別の基準。最大酸素摂取量は、健康度を示すのに有力であると考えられている。

にこにこペースは最大酸素摂取量のほぼ50%ですから、およそ5メッツ、余裕をもって6メッツ強度の運動を楽々できる能力を身につければ健康といえます。実際、通常の歩行速度である時速5kmのスロージョギングは6メッツ強度に相当します。すなわちスロージョギングがにこにこ笑顔でできれば、まずは健康な体力を維持できているといえます。

「ランナーは元気で長寿」は本当か

このような数々のメリットがあれば、ランナーは健康寿命が長いに違いありません。しかしそれを証明するのは至難の業です。

アメリカ・スタンフォード大学のチャクラバティーたちは、ランナーと非ランナーについて1984年から21年間追跡を続け、このことを明らかにしました。

50歳以上のランナー538名と、まったくランニング習慣がなく、研究対象となったランナーと他の生活習慣、体重などがマッチする423名について20年超にわたって調査をしています。

1984年の調査開始時は、対象者の年齢は平均で59歳でした。20年後の79歳までの生存率はランナーが85%、非ランナーが66%と、ランナーが明らかに高い結果となりました(図7-4)。

さらに歩行障害、食事、衣服の着脱、そのほか日常生活行動の制約を点数化して比較したところ、両者に著しい差がみられました。

研究者たちは、年をとれば両群の機能障害レベルの差が少なくなると想定していたそうですが、予想に反して差がさらに広がる傾向が示されたのです。

高血圧の治療に有効

運動すると血圧は上がります。激しい運動になると、最高血圧が300㎜Hgを超えることも稀ではありません。したがって高血圧の患者にランニングなんてもってのほか、という考え方が、かつては一般的でした。

図7-4　ランナーと非ランナーの生存率の比較

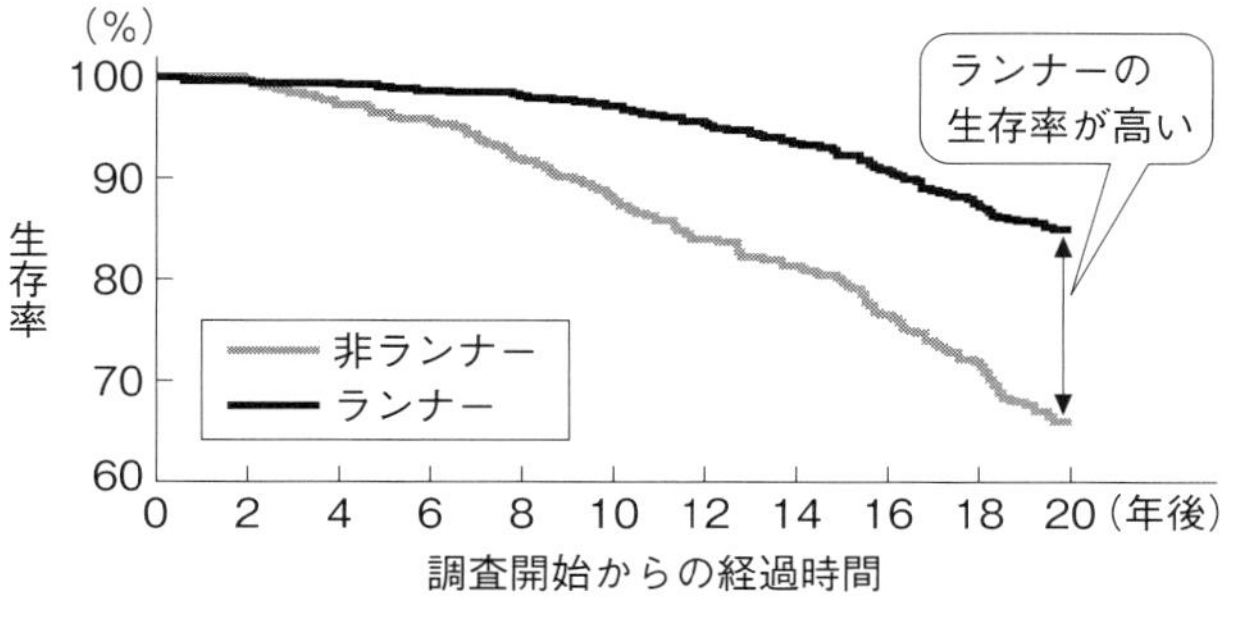

50歳以上のランナーと、ランニングの習慣がまったくない人を比較。20年後の生存率は、ランニング習慣がない人は66％なのに対し、ランナーは85％と高かった。
（Chakravarty E et al., *Arch Intern Med.* 168: 1638-1646,2008より改変）

実際に高血圧患者を対象にトレーニングをおこなった研究では、トレーニングによって血圧が下がる、変わらない、上がると千差万別でした。１９８０年代のことです。

そのころ、私たちはにこにこペースの運動で最大酸素摂取量が増加することを、すでに証明していました。そうした軽い運動でトレーニング効果が上がるとは、なかなか信じてもらえなかった時代です。従来の研究もにこにこペースより強い頑張りペースでおこなわれていました。

血圧は運動強度に依存しますから、軽強度であれば血圧はわずかしか上がりません。先ほどお話ししたように、血圧は交感神経の活動が高まると上がります。交感神経の活動が高まると血液中にアドレナリンが放出されますが、運動負荷に対するアドレナリンの変化は乳酸濃度の変化とほぼ一致します。にこにこペースは乳酸濃度が増加しはじめる強度ですから、アドレナリン濃度の閾値でもあります。ですから、にこにこペースであれば、血圧はさほど上がらず、高血圧患者でも安心して運動できると考えられます。

このことを証明するために、生活習慣改善による高血圧治療に関心が深かった荒川規矩男先生（国際高血圧学会名誉会長）とお弟子さんの清永明先生（福岡大学名誉教授）、進藤宗洋先生（福岡大学名誉教授）とともに、にこにこペース運動による降圧効果の研究をしました。被験者を6週間観察したあと、にこにこペースの運動を開始すると、1ヵ月も経たずに降圧効果が表れはじめ、その後安定。12週後には体力が高まり、にこにこペースの運動強度も向上しましたので、強度を上げてトレーニングすると再び血圧が下がり始めました。

　にこにこペース運動が降圧効果ありと結論するには、「無作為割り付け」という方法で、高血圧患者をランニングした人としない人のグループに分け、降圧効果の明らかな違いを証明する必要があります。結果は期待したとおりで、にこにこペースでのランニングには降圧効果が認められました。

　にこにこペースとそれより速いスピードの「頑張りペース」の降圧効果も比較してみました。その結果は、大変興味深いことに、にこにこペースでは降圧効果が認められたものの、頑張りペースでは降圧効果は認められなかったのです。

　このような研究の成果がもとになり、１９９１年には世界の高血圧治療のガイドラインに「にこにこペース」運動が治療法として有効であることが記載されるに至っています。

善玉コレステロール値への影響

　コレステロールは、細胞膜や性ホルモンの材料で、ヒトが生きていくのになくてはならないものです。しかし、多すぎると動脈硬化の原因になってしまいます。

コレステロールは肝臓で合成されますが、脂質なので、そのままでは血液に溶けこみません。LDLと呼ばれる膜でおおわれて血液に運ばれます。LDLに運ばれているコレステロールを「LDLコレステロール」といいます。LDLコレステロールが多すぎると血管の内膜に取り込まれ、変性して動脈硬化を引き起こすのです。

一方、血管の内側に溜まったコレステロールを回収し運搬するHDLと呼ばれる物質があります。このHDLに運ばれているコレステロールを「HDLコレステロール」といいます。

一般的に、この複雑な仕組みを理解してもらうために、わかりやすく前者のLDLコレステロールは悪玉コレステロール、後者のHDLコレステロールは善玉コレステロールなどと呼ばれています。本書でも、以降はそのように記します。

悪玉コレステロールに対して善玉コレステロールが少なくなると、動脈硬化が進むわけです。善玉コレステロールが少ないと心筋梗塞などの動脈硬化が原因となる疾患にかかりやすくなるのですが、善玉コレステロールを増やす薬はいまだ開発されていません。

すでに述べましたように、適度な運動で毛細血管が増え、結果的にHDLを作るリポプロテインリパーゼという酵素が増えます。そこで私たちは世界的なマラソンランナーを擁する実業団トップのチームの長距離選手に協力してもらい、善玉コレステロールを測ってみました。すると、長距離選手は一般人に比べ善玉コレステロール値がはるかに高かったのです。

次に、運動習慣を持たない高齢者を対象に、にこにこペースのトレーニングで善玉コレステロール値が増加するか否かを調べてみました。

結果は、3ヵ月のトレーニングで見事に善玉コレステロール値が上がりました。

しかも、週あたりのトータルの運動時間が長ければ長いほど、善玉コレステロール値が上昇していたのです（図7-5）。

図7-5 トレーニング時間と善玉コレステロール値の関係

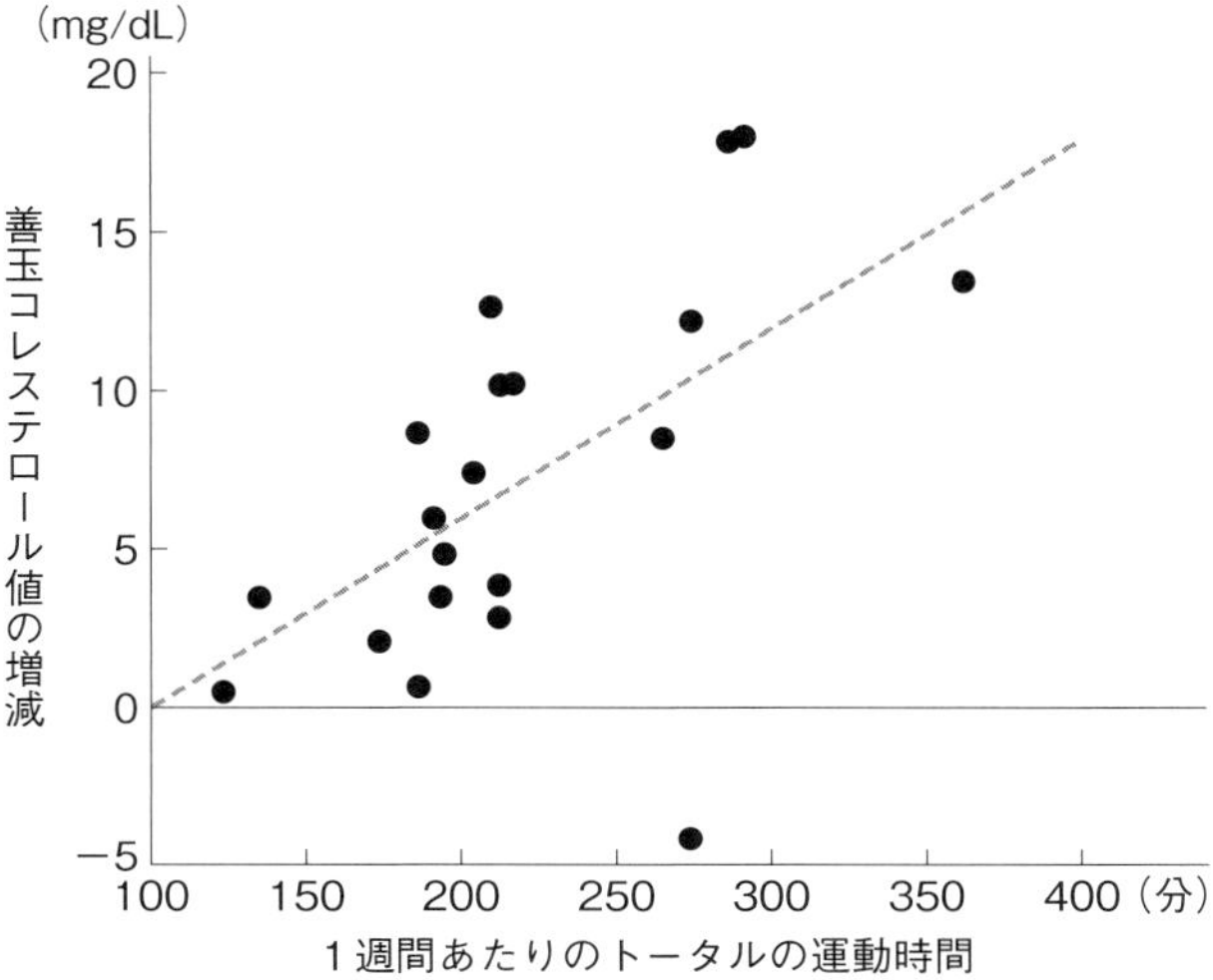

運動の習慣のない高齢者を対象に、にこにこペースのトレーニングを3ヵ月間継続した値を調査。1週間あたりのトレーニング量が多い人ほど、善玉コレステロール値は上昇した。
（Sunami.Y et al., *Metabolism* 48: 984-989, 1999より改変）

血糖値を下げる

近年、日本では糖尿病になる人も増加していますが、血糖値とにこにこペースの運動の関係も研究が進められています。

食事後に血糖値は上昇しますが、すると、膵臓からインスリンが分泌され、インスリンの作用によって組織に取り込まれて血糖値が下がります。しかし、過食、あるいは運動不足などが原因でインスリンの効きが悪くなると、高血糖状態が続くことになります。これが糖尿病です。

運動するときに使われるエネルギーは糖と脂肪とで賄われます。ランニングによってグリコーゲンが消費されれば、食事をしたときにその分の糖が筋肉に補填されるので、血糖値は上がりにくくなります。

骨格筋にはグルコースを輸送するタンパク質（グルコース担体）がありますが、トレーニングによってこれが増えることがわかっています。これによって、筋肉中のグリコーゲン貯蔵量も増えるのです。

私たちは、にこにこペースの運動（1時間）を週に3回、12週間おこない、インスリンの効き

を調べてみました。正常な若者を対象にした実験でしたが、それでも顕著に改善しました（図7-6）。

身体にはインスリンの作用に関係なく血糖値を下げる能力がありますが、この能力も明らかに改善することを突き止めました。

こうした研究から、スロージョギングによってインスリンの効きがよくなるばかりでなく、血糖値を下げる能力が高まり、糖尿病の治療効果があると考えています。

図7-6　にこにこペースのトレーニングで血糖値を下げる能力はどう変わるか？

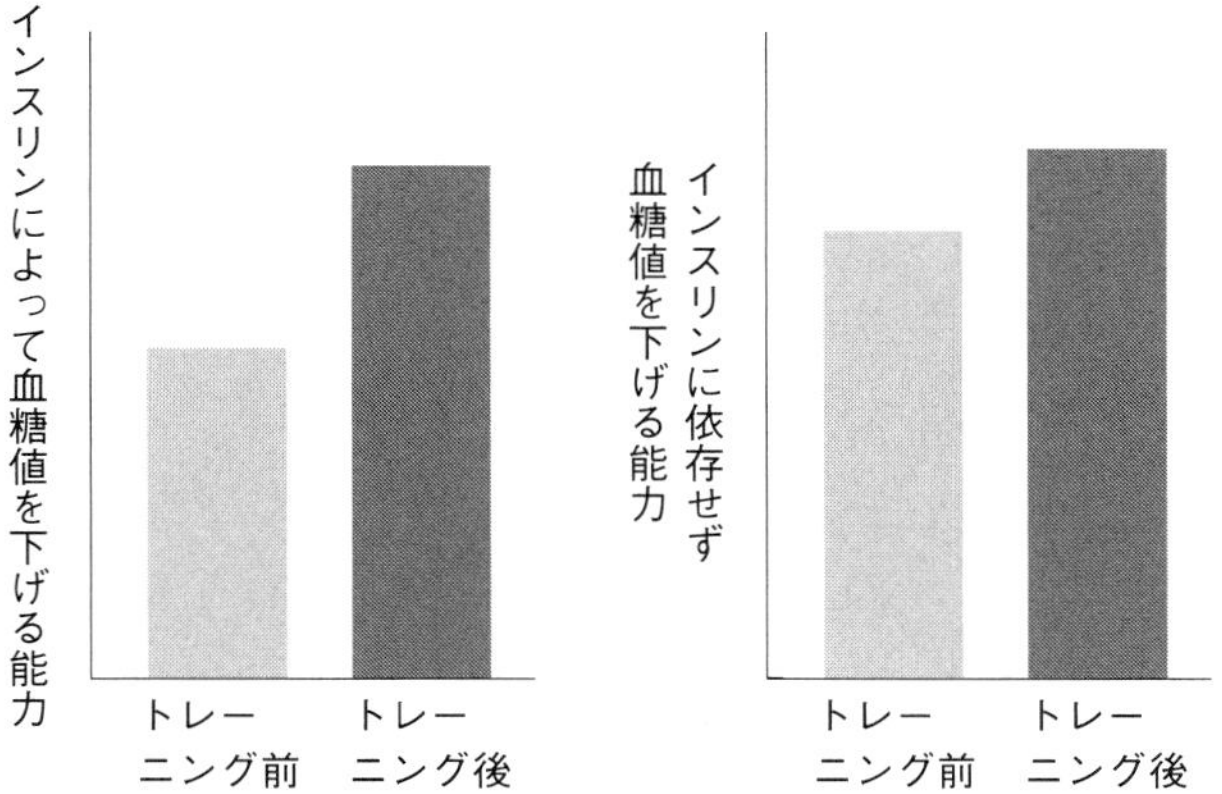

にこにこペースの運動1時間を週に3回おこない、12週間後のインスリンの効き方（インスリン濃度あたりの糖の分時消失量／図左）とインスリンの関与なく血糖値を下げる能力（インスリン非依存性の糖の分時消失量／図右）を調査。トレーニングをすると、どちらの能力も上昇した。
（Nishida Y et al., *Diabetes*, 315-320, 2004より改変）

脳細胞も増える!?

高齢者の認知症の罹患率は15%ともいわれ、その大半が海馬の萎縮でおこるアルツハイマー型認知症（アルツハイマー病）です。また、将来、認知症を発症する可能性が高いといわれる認知症予備軍も、高齢者の13%もいます。アルツハイマー病は、原因がわからず、発症すると治らないのが厄介です。しかも90歳代になれば罹患率が8割を超えてしまいます。

以前は、脳細胞は加齢に伴って減っていくものだと信じられてきました。しかし、脳研究の進歩によってこの常識が打ち破られ、脳は可塑性に富むことがわかってきています。

アルツハイマー病は、運動不足のヒトの発症率が高いことが明らかになり、1990年代後半から運動の脳への影響に関する研究が進みました。アメリカ・サンディエゴ大学のコートマンたちが1996年に『ネイチャー』誌に論文を発表したのですが、その内容は、マウスに運動をさせると、なんと認知機能を司る脳の海馬において、神経細胞の保護と増殖を促す脳由来栄養因子の遺伝子発現が増加するとのことでした。

次いでアメリカ・ソルク研究所のプラークたちは、学習効果を比較する実験をおこない、ラン

ニング群のマウスが非ランニング群のマウスに比べて明らかに成績がよかったことを示しました。ケージの中に回し車を設置し、ランニングをさせたのです。

さらに海馬の新生細胞数を比較したところ、ランニング群のマウスは非ランニング群のマウスの2倍以上あったのです。

最近はアルツハイマー病のモデルマウスが作られ、これを用いて運動の効用が調べられています。アルツハイマー病は海馬にアミロイドβタンパクが増殖することが引き金になると考えられていますが、このモデルマウスにランニングをさせるとアミロイドβタンパクの増殖が顕著に抑えられることが明らかになりました。

こうした実験により、ランニングが脳機能を高めるとの期待が大いに高まったのです。

認知機能が向上する可能性

では、マウスの実験ではなく、ヒトではどうでしょうか？

脳の前頭葉の研究で著名な久保田競・元京都大学霊長類研究所所長は、いまご紹介したような研究が発表されるよりずいぶん前から、ランニングと脳の関係について関心を持たれていまし

た。久保田先生と私は、ランニングでの共通体験があります。走っているうちにアイデアが浮かび、たとえば行き詰まっていた原稿の素案ができるなど知的な営みができるという経験をしていたのです。

そこで、以前からにこにこペースの運動が脳に及ぼす影響について調べる研究をお願いしていました。

実際にスタートするまでには時間がかかりましたが、学生の原田妙子さんが研究に興味を持ってくれて実現しました。彼女の研究を紹介しましょう。

まず、平均年齢29歳の成人を2つのグループに分け、1つのグループはにこにこペースのランニングを30分、週に3回12週おこないました（トレーニング群）。

図7-7 ランニングは脳の機能にどう影響するか？

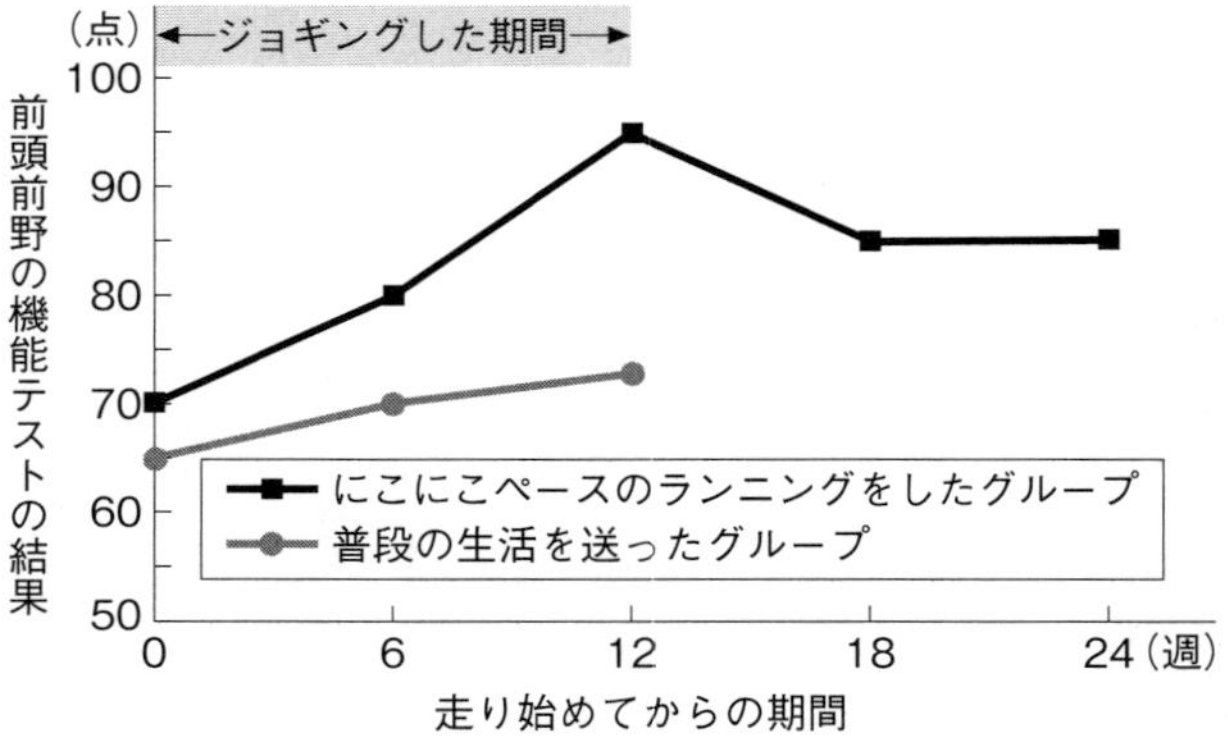

にこにこペースのランニング30分を週に3回おこない、前頭前野の機能がどう変わるかを調査。走り始めてからテストの点数は上がり、ランニングをやめてからも、24週目まではそのレベルを維持していた。

（Harada T et al. *Neurosci Res*. 49:325-337, 2004より改変）

一方のグループは普段と変わらない生活をしてもらいました（コントロール群）。

走り始めて6週、12週に脳の前頭前野の機能を調べるテストをした結果を図7－7に示しています。前頭前野は、思考などを担う、いわば人間の人間らしい行動を司る中枢です。

走り始める前は、どちらのグループも70点弱でしたが、トレーニング群は開始から6週間で80点を超え、12週間では95点と満点に近い高得点をとりました。一方のコントロール群の点数は微増にとどまりました。

トレーニング群は、13週目以降はトレーニングを中止し、経過を観察しましたが、18週目でやや低下したものの、運動前に比べ高いレベルを24週まで維持できました。

図7-8　海馬の容量と最大酸素摂取量の関係

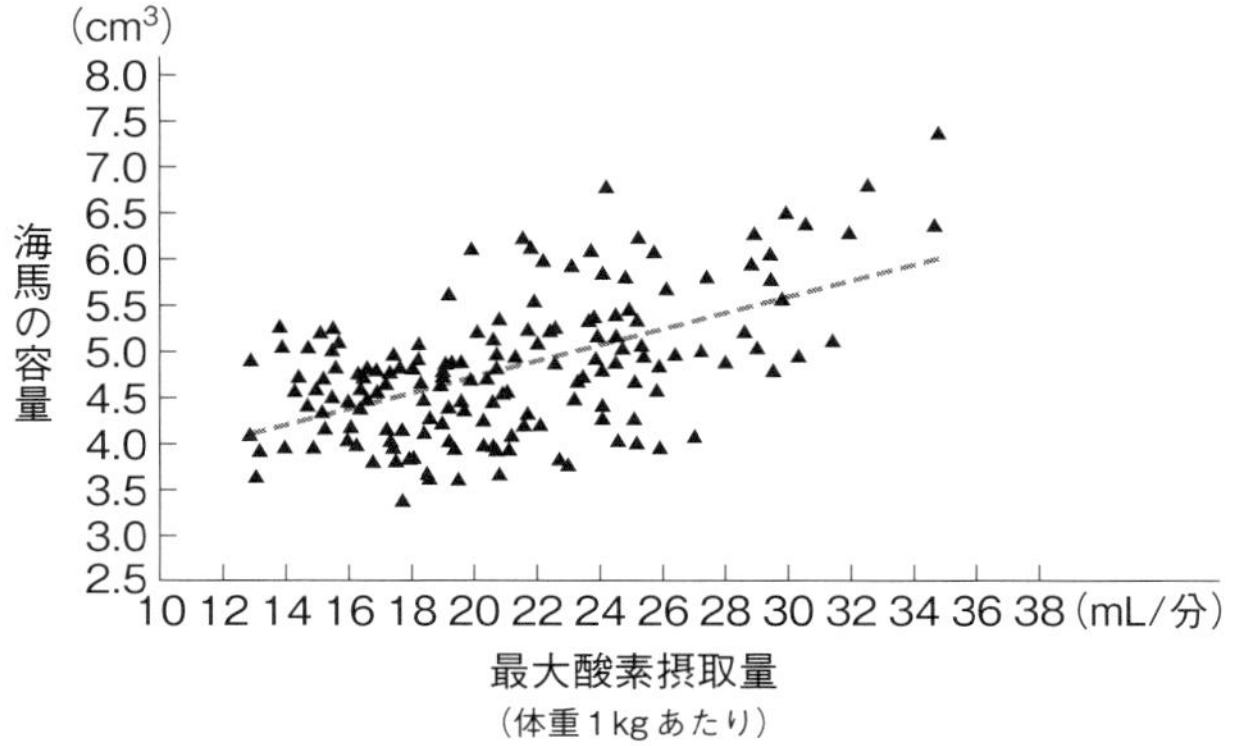

数値のバラつきはあるが、最大酸素摂取量が多い人ほど、海馬の容量も大きい傾向にある。

（Erickson et al.,*Hippocampus* 19: 1030-1039,2009より改変）

この結果から、ランニングは、脳機能を高めると考えています。

また、アメリカ・ピッツバーグ大学のエリクソンたちは、平均年齢66歳の高齢者165人の最大酸素摂取量と海馬の容量の関係を調べ、最大酸素摂取量が高い人ほど海馬の容量が大きいことを見出しました（図7－8）。ランニングによって最大酸素摂取量が高まることは、すでにお話ししたとおりです。

さらにこのあとエリクソンたちは、筋力・ストレッチトレーニングと、有酸素運動を1年間続けることで海馬の容量にどのような変化があるかも調べています。大変興味深いことに、その結果では、筋力・ストレッチトレーニングをしたグループでは海馬容量が次第に減少した一方、有酸素運動をしたグループでは海馬の容量が増加したのです。

こうした結果からも、走ることで加齢に伴う海馬容量の減少を抑えられるどころか、増加する可能性が示されたのです。私たちはランニングと認知機能の向上の関係を調べるため、研究を続けています。

このように、ランニング、とくに私たちが提唱しているスロージョギングをすることで、ダイエット効果だけでなく、身体にさまざまなよい影響があることが次々とわかってきています。今後も、面白い研究成果が出てくることを期待しています。

コラム4　変形性膝関節症はフォアフット着地で克服できる？

本章の冒頭で、ランニングは膝への負担はないということをお話ししましたが、フォアフット着地のランニングまたはステッピングと同じ着地のウォーキングで、変形性膝関節症を防げるという仮説もあります。『変形性膝関節症は母趾球歩きで克服できる』（日本評論社）の著者である田中瑞雄氏が提唱しているものです。

田中医師は整形外科で多くの変形性膝関節症の患者さんを治療していながら、自ら変形性膝関節症を患ってしまいました。その原因を考察し、到達したのが、「変形性膝関節症は母趾球歩きで克服できる」だったそうです。

自分の歩き方を分析すると、かかと着地のあとに小指の付け根の小趾球で着地していたことを発見しました。こうすると楽に歩けるので、自然とこの着地になりやすいと考えられましたが、この歩き方では、骨格の構造上、O脚になり、膝関節の内側に過剰な負担がかかります。それが変形性膝関節症の原因であるとの仮説に至ったそうです。

これを改善するために田中医師は、かかと着地後、親指の付け根の母趾球で着地するようにして、みごと変形性膝関節症を治癒されました。そして100名あまりの患者さんにも母趾球歩きをすすめ、その効果を確認し、本にまとめられたということでした。

私は高齢者を対象にステップ運動（174ページ参照）の効用の研究を開始したときに、大腿四頭筋とハムストリングの筋トレにもなるので変形性膝関節症の方にもリハビリとしてステップ運動を積極的にすすめました。こうして、変形性膝関節症がすっかり治ってしまった症例に出会い、次のような仮説を考えるようになりました。ステップ運動ではかかとをまったくつかず、着地は指の付け根全体なので、足の骨並びばかりでなく背骨から頭骨までまっすぐ並び、いわゆるアライメントが整うので膝や腰に負担がかからず、膝を固定する筋肉が強化される、ということです。

ステップ運動だけでなく、ランニングのフォアフット着地も同様です。かかとで着けば、その後、小趾球着地になりかねません。ウォーキングでもランニングでも、フォアフット着地であれば膝関節に余分な負担がかからないのではないでしょうか。

おわりに

この本を執筆中でしたが、一昨年の皇后陛下誕生日に、皇后陛下が天皇陛下とスロージョギングをされているお姿がニュースで流れました。天皇陛下が心臓病で手術を受けられ、その後リハビリテーションとしてスロージョギングをすすめられ、日課にされているそうです。

お二人のとても素敵なランニングフォームに感心しました。じつはその前日に某テレビ局から電話がかかり、このことを知らされました。私が直接ご指導したわけではなかったので、びっくりしました。

思い起こせば、2009年にNHKの『ためしてガッテン』でスロージョギングが取り上げられたすぐあとのことです。循環器系の学会に招聘され、講演にくわえて、学会開催日の早朝にスロージョギングの実技指導をしてほしいと依頼されたのです。日曜日の早朝でしたので、あまり参加する人はいないのではないかと思っていましたが、当日は大勢の医師が参加され、質問攻めとなり、驚きました。

以来、日本心臓リハビリテーション学会で2度、日本高血圧学会で1度、講演する機会をいた

ていただけたのでしょう。おそらくそれらの学会を通じて、スロージョギングの有効性を多くの医師に確信していただけたのでしょう。

その後もマスコミはもとより、じつに多くの学会から声がかかり、スロージョギングについて講演させていただきました。またポーランド、韓国でスロージョギングを普及させるためのスロージョギング協会が設立されましたし、現在はドイツのウエルネス協会ともスロージョギング協会の設立に向けて話を進めているところです。

アメリカでもスロージョギングの本を出版したのですが、ありがたいことに評判を呼んでいます。また今春、カリフォルニアで開かれる〝Healthy Running Conference〟という学会でも、この本で紹介した内容を講演する機会をいただきました。こうして、スロージョギングの良さが次第に広まり、多くの方が健康に意識を向けるようになってくださっているのは、とても嬉しいことです。

ランニング習慣のない方のにこにこペースは、最初は歩くくらいのゆっくりしたスロージョギングになりますが、数ヵ月もすると、そのスピードが時速6〜7km以上になり、フルマラソンのタイムが7時間を切り、6時間前後でも走れるようになってしまいます。さらにトレーニングを続けて、サブファイブ（5時間を切る）、サブフォー、サブ3・5、サブスリーと自己記録を更新していく方も多く、そうした方々からの報告が後を絶ちません。

じつは、本書の中で紹介した以外にも、スロージョギングの効果については、最新の研究によってさまざまなことがわかりつつあります。

たとえば4章でご紹介したように、トレーニング適応を起こすカギは骨格筋内でPGC－1αの発現が誘導されることです（134ページ〜参照）。このタンパク質がどのような働きをするかを調べるには、遺伝子操作して、そのメッセンジャーRNAをノックアウトさせたり、たくさん発現させたマウスを作って観察します。すると、もちろん前者は体力がなく早く老化しますが、後者はスーパー持久力を持つ若々しいマウスだったのです。

これに加えてPGC－1αのノックアウトマウスは、筋肉中から血中に炎症を引き起こすサイトカインを分泌し、内臓脂肪から分泌される炎症性サイトカインと相まって、ありとあらゆる慢性疾患を引き起こすとの仮説論文が、2008年『ネイチャー』に掲載されました。

その後、極めて興味深い研究結果が報告されています。その一つがPGC－1αの誘導により、「アイリシン」と命名されたサイトカインが生成・分泌され、海馬に達し、神経細胞の新生を促す可能性を示唆する論文が発表されたのです。さらに、運動で骨格筋内にIL－15と呼ばれるサイトカインが誘導され、それがPGC－1αを発現させること、また、血中に分泌されて皮膚に到達し、皮膚のミトコンドリア機能を高めるとの発見もありました。

皮膚をはじめ、あらゆる組織の老化はミトコンドリアの機能低下が原因であるという説が有力です。すなわち、少なくともＰＧＣ－１αの発現を誘導することによって皮膚が若返ることが明らかにされたのです。血中に分泌されたＩＬ－15が、皮膚ばかりでなくあらゆる臓器に働きかけ、それらのミトコンドリア機能を高めてもおかしくはありません。

すでにお話ししたように、スロージョギングはＰＧＣ－１αを誘導する刺激です。まさしくアンチエイジングを実現できる運動ではないでしょうか。

にこにこペースのランニングがなぜこんなに効果があり、健康増進に有効なのだろうか？　そこには、まだ未知の部分がたくさんあります。それを一つ一つ解き明かす研究を、これからも続けていきます。とりわけ２０２０年の東京オリンピックへの貢献と高齢者の健康寿命延伸に寄与すべく、邁進したいと思います。

今朝もランニング仲間を誘い出して、皇居の周りでにこにこペースのランニングをしました。心地よくとても爽快な気分です。いつかどこかで、皆さんと一緒に走ることを楽しみにしております。

田中宏暁

２０１７年１月

[ま行]

[や・ら行]

[数字・アルファベット]

※本書の参考文献は、以下の特設サイト内からご覧頂けます。
http://bluebacks.kodansha.co.jp/special/running

［た行］

［な行］

［は行］

さくいん

N.D.C.782.3　250p　18cm

ブルーバックス　B-2005

ランニングする前《まえ》に読《よ》む本《ほん》
最短で結果を出す科学的トレーニング

2017年 2 月20日　第 1 刷発行
2025年 2 月17日　第18刷発行

著者　田中宏暁《たなかひろあき》
発行者　篠木和久
発行所　株式会社講談社
〒112-8001　東京都文京区音羽2-12-21
電話　出版　03-5395-3524
販売　03-5395-5817
業務　03-5395-3615
印刷所　（本文印刷）株式会社新藤慶昌堂
（カバー表紙印刷）信毎書籍印刷株式会社
製本所　株式会社国宝社

定価はカバーに表示してあります。

ISBN978－4－06－502005－0

発刊のことば

科学をあなたのポケットに

二十世紀最大の特色は、それが科学時代であるということです。科学は日に日に進歩を続け、止まるところを知りません。ひと昔前の夢物語もどんどん現実化しており、今やわれわれの生活のすべてが、科学によってゆり動かされているといっても過言ではないでしょう。

そのような背景を考えれば、学者や学生はもちろん、産業人も、セールスマンも、ジャーナリストも、家庭の主婦も、みんなが科学を知らなければ、時代の流れに逆らうことになるでしょう。

ブルーバックス発刊の意義と必然性はそこにあります。このシリーズは、読む人に科学的に物を考える習慣と、科学的に物を見る目を養っていただくことを最大の目標にしています。そのためには、単に原理や法則の解説に終始するのではなくて、政治や経済など、社会科学や人文科学にも関連させて、広い視野から問題を追究していきます。科学はむずかしいという先入観を改める表現と構成、それも類書にないブルーバックスの特色であると信じます。

一九六三年九月　　野間省一

35	計画の科学	加藤昭吉
733	紙ヒコーキで知る飛行の原理	小林昭夫
921	自分がわかる心理テスト	芦原　睦／桂　戴作＝監修
1063	自分がわかる心理テストPART2	芦原　睦＝監修
1073	へんな虫はすごい虫	安富和男
1084	図解　わかる電子回路	加藤　肇／見城尚志／高橋　久
1112	頭を鍛えるディベート入門	松本　茂
1234	子どもにウケる科学手品77	後藤道夫
1245	「分かりやすい表現」の技術	藤沢晃治
1273	もっと子どもにウケる科学手品77	後藤道夫
1284	理系志望のための高校生活ガイド	鍵本　聡
1307	理系の女の生き方ガイド	宇野賀津子／坂東昌子
1346	図解　ヘリコプター	鈴木英夫
1352	確率・統計であばくギャンブルのからくり	谷岡一郎
1353	算数パズル「出しっこ問題」傑作選	仲田紀夫
1364	理系のための英語論文執筆ガイド	原田豊太郎
1366	数学版　これを英語で言えますか？	保江邦夫　E・ネルソン＝監修
1368	論理パズル「出しっこ問題」傑作選	小野田博一
1387	「分かりやすい説明」の技術	藤沢晃治
1396	制御工学の考え方	木村英紀
1413	『ネイチャー』を英語で読みこなす	竹内　薫

1420	理系のための英語便利帳	倉島保美／榎本智子　黒木　博＝絵
1443	「分かりやすい文章」の技術	藤沢晃治
1478	「分かりやすい話し方」の技術	吉田たかよし
1493	計算力を強くする	鍵本　聡
1516	競走馬の科学	ＪＲＡ競走馬総合研究所＝編
1520	図解　鉄道の科学	宮本昌幸
1536	計算力を強くするｐａｒｔ２	鍵本　聡
1552	「計画力」を強くする	加藤昭吉
1553	図解　つくる電子回路	加藤ただし
1573	手作りラジオ工作入門	西田和明
1596	理系のための人生設計ガイド	坪田一男
1623	「分かりやすい教え方」の技術	藤沢晃治
1629	計算力を強くする　完全ドリル	鍵本　聡
1630	伝承農法を活かす家庭菜園の科学	木嶋利男
1653	理系のための英語「キー構文」46	原田豊太郎
1660	図解　電車のメカニズム	宮本昌幸＝編著
1666	理系のための「即効！」卒業論文術	中田　亨
1671	理系のための研究生活ガイド　第2版	坪田一男
1676	図解　橋の科学	土木学会関西支部＝編　田中輝彦／渡邊英一他
1688	武術「奥義」の科学	吉福康郎
1695	ジムに通う前に読む本	桜井静香

ブルーバックス　趣味・実用関係書（II）

ブルーバックス　趣味・実用関係書（Ⅲ）